Achim Schwarze

Der Schummel-Profi

Erprobte, sichere und originelle Tricks
für Schule und Uni

Illustrationen von
Monika Port

Eichborn.

Achim Schwarze, 1958 geboren, lebt und arbeitet in Berlin. Er begründete die erfolgreiche Autoserie *Das standesgemäße Extra für … (Mercedes-Fahrer, BMW-Fahrer, Golf-Fahrer)* und veröffentlichte im Eichborn Verlag darüber hinaus mehrere humorvolle Titel und auch Sachbücher, u. a.: *Alles über Kontaktanzeigen, Das Krokodil auf dem Rastplatz.*

Grundlage dieses Buches sind die Werke: Thomas Brockmann, »Das große Buch vom Schummeln«, Frankfurt am Main 1990 und »Schummeln, aber richtig«, Frankfurt am Main 1984.

Die Deutsche Bibliothek – CIP-Einheitsaufnahme

Schwarze, Achim:
Der Schummel-Profi : Erprobte, sichere und originelle Tricks für Schule und Uni / Achim Schwarze. – Frankfurt am Main : Eichborn, 1995
ISBN 3-8218-3348-3

Umschlaggestaltung: Rüdiger Morgenweck
Illustration: Monika Port
Gesamtherstellung: Fuldaer Verlagsanstalt GmbH, 36003 Fulda
ISBN 3-8218-3348-3
Verlagsverzeichnis schickt gern:
Eichborn Verlag, Kaiserstr. 66, D-60329 Frankfurt am Main.

Inhalt

Einleitung

Wir Schummler sind die Elite

Warum gibt es in der Schule Noten? Damit man die Besten aussortieren kann, denn nur die Besten sollen am Ende in Spitzenstellungen was zu sagen haben und die Kohle verdienen.
Die Besten sind aber nicht etwa Fachidioten und Streber, die büffeln und auswendiglernen, egal wie schwachsinnig der Stoff sein mag, oder obrigkeitshörige Angsthasen, die alles tun, was man von ihnen verlangt – sogar Lateinübersetzungen.
Die Besten, das sind jene flexiblen Ideenmenschen, die aus jeder Situation etwas machen, auch aus hoffnungslosen. Sie wissen sich zu helfen, sie finden elegante Lösungen, statt Umwege zu gehen.
Genau das tun Schummel-Profis. Und deshalb sind Schummler die eigentliche Elite unserer Gesellschaft.
Kein Wunder, daß sich eine Vielzahl von Prominenten freimütig zum Schummeln bekennt.

Wir Schummler sind intelligenter

Wer schummelt, ist zu intelligent, um sich sein Leben mit dem Büffeln von verordnetem Schwachsinn zu versauen.
Der jugendliche Schummler besitzt eine erstaunliche Reife. Schon frühzeitig hat er erkannt, daß es im Leben nur darauf ankommt, sich durchzusetzen – in Sachen »Bildung« reicht es aus, wenn man weiß, wo man nachschlagen muß. Warum das Telefonbuch auswendiglernen?
Außerdem hat man wichtige Termine, und da bleibt leider keine Zeit für derartig hirnlose Hobbys.
Stromlinienförmige Anpasser schummeln nicht. Sie sind bereit, ihre besten Jahre der Diktatur veralteter und unmenschlicher Prüfungsordnungen zu opfern.
Genies jedoch schummeln immer, denn meist konzentriert sich ihre Superbegabung auf ein oder zwei Gebiete. Der Nachwuchs-Einstein muß in Französisch zu unlauteren Hilfsmit-

teln greifen, der Ausnahmefremdsprachler präpariert seine Ärmel mit chemischen und physikalischen Formeln. Zum Glück, denn sonst würden der Gesellschaft beide durch einen schlechten Zensurendurchschnitt verlorengehen.

Schummeln macht Spaß!

Vordergründig geht es um Noten. Aber noch wichtiger ist der Nervenkitzel beim Schummeln. Die Intelligenz und der Mut des Moglers werden gleichermaßen herausgefordert. Dazu kommt die Freude an Auflehnung und Subversion. Schummeln macht Spaß wie jeder Kampf gegen eine ungerechte Sache.

Das Märchen von der Chancengleichheit

Wer schummelt, benachteiligt die Ehrlichen – solche Sprüche hört der erwischte Schummler in den stumpfsinnigen Moralpredigten seiner Häscher.

Gut, aber wer ist schon ehrlich? Alle schummeln oder würden es tun, wenn sie nicht zu feige oder zu dumm dazu wären. Außerdem besteht doch Chancengleichheit: Jeder hat die gleiche Chance, sein Glück mit Schummeln zu probieren.

Noch eine Frage: Was hat es mit Chancengleichheit zu tun, wenn der eine mehr Intelligenz und Talent zum Pauken geerbt hat als der andere? Nix! Zum Glück gleicht Schummeln genetische Ungerechtigkeiten aus.

Mehr noch: Der Mogler zieht mit jenen Versagern unter seinen Klassenkameraden oder Kommilitonen gleich, die dank Papis Brieftasche mit teuren Nachhilfelehrern oder Repetitoren auf Kurs gebracht werden, während man selbst sich sogar sein Taschengeld in der freien Wirtschaft verdienen muß, anstatt die Nase in Bücher stecken zu können.

Die doofen Lehrer

»Kann ich das eigentlich?«, fragen sich Schüler und Studenten, wenn sie über eigene Täuschungspläne nachdenken. Die Antwort ist eindeutig: Jeder kann erfolgreich schummeln, und das verdankt er vor allem einem Umstand: der Doofheit der Lehrer und Dozenten.
Seien wir mal ehrlich: Wer so einen schwachsinnigen Sadistenjob ausübt, war zu einem ordentlichen Beruf nicht geeignet. Lehrpersonal hat immer einen Schaden. Sozialromantiker, Schwätzer, Faulpelze, Kinderschänder etc. – die Lehrberufe sind ein Sammelbecken für gescheiterte Existenzen. Nach wenigen Monaten der »Tätigkeit« verliert diese von allen verachtete Minderheit ihren letzten Rest Verstand und schiebt nur noch Frust. Schule und Uni sind so eine Art offener Vollzug bei gleichzeitiger Beschäftigungstherapie für diese Würstchen. Schüler und Studenten – wehrlos von Natur – sollen als Opfer dienen, um der Gesellschaft Amokläufe seitens des Lehrkörpers zu ersparen.
Die Intelligenz und Gefährlichkeit von Lehrern und Dozenten wird weit überschätzt. Die Schläue der Geknechteten und die Qualität ihrer Schummeltricks hingegen unterschätzt. Zum Glück.
Du hast die besten Chancen beim Mogeln. Aber du mußt ein paar Regeln beachten:

Die wichtigsten Schummelregeln

1. Wende nur Tricks an, die perfekt »sitzen«, weil du sie lange genug geübt hast.
2. Kein Risiko eingehen. Lieber vergeigen als zuviel wagen.
3. Keine Nervosität, kein Zeitdruck. Cool bleiben.
4. Nicht übertreiben. Eine glaubwürdige Arbeit ist nicht besser als das, was man dir zutraut.

Jetzt kann es losgehen. Viel Erfolg beim Schummeln! Möge dir schon bald der hochdotierte Aufsichtsratsposten beschieden sein, der einem faulen Schlauberger wie dir zusteht!

Haftungsbeschränkung

Dieses Buch ist keine Aufforderung zum Betrug. Wer schummeln will, tut es sowieso. Dieses Buch enthält nur Informationen über das anspruchsvollste Schulfach – Schummeln.
Alle in diesem Buch vorgestellten Tricks sind in der Praxis erprobt und vielfach erfolgreich eingesetzt worden. Dennoch übernehmen Autor und Verlag keine Haftung für den Fall, daß jemand durch Pech oder Dummheit erwischt werden sollte.

Die Grundregeln des Schummelns

Wo soll ich sitzen?

Du kannst der Prüfungshölle nicht entgehen, aber das sengende Feuer unnachsichtiger Beobachtung quält dich an manchen Sitzpositionen mit besonderer Grausamkeit. Wer falsch sitzt, muß doppelt so vorsichtig und geschickt schummeln. Durch die Wahl des günstigsten Platzes kannst du deine Noten also deutlich beeinflussen.

- Ganz hinten? Dort mogelt es sich am besten. Weit weg von den Augen der Aufsichtsperson kann man besonders viel wagen. Andererseits weiß jeder, daß Schummler sich besonders gern hier hinsetzen. Peinlich, wenn die Aufsichtsperson dann nach hinten kommt und von dort aus überwacht. Beste Gelegenheit für Schummelaktionen im großen Stil: wenn der Feind dir den Rücken zukehrt und endlich wieder zu seinem Pult schleicht.
- Ganz vorn? Dort wird man übersehen und hat die besten Chancen, wenn der Lehrer oder Dozent seinen Rundgang startet. Doch selbst dann hat man ihn im Rücken. Andererseits kann der Feind, während er an seinem Pult sitzt, Zeitung liest oder die Klassenarbeiten anderer Opfer korrigiert, aus den Augenwinkeln jede Bewegung deines Kopfes und deiner Augen bemerken und verdächtiges Rascheln besonders gut hören. Man muß schon sehr cool sein in der ersten Reihe.

• Außen oder Mitte? Ganz klare Antwort: Mitte ist tödlich. Wenn du allerdings an der Wand sitzt, hast du jedenfalls von einer Seite Schutz, und in der Deckung des eigenen Rückens, der vorgeschobenen Schulter oder des Armes läßt es sich entspannt mogeln.

Das Geheimnis der Deckung

Optimale Körperhaltung! Du mußt lernen, dich auf natürlich wirkende Weise immer genau so hinzusetzen, daß dein verwerfliches Tun von der nicht schreibenden Hand, dem ganzen Arm, der Schulter oder dem ganzen Körper verdeckt ist. Mit etwas Training lernst du auch, deinen Blick unauffällig auf Stellen zu richten, die sehr, sehr verdächtig sind. Der Einsatz von Sonnenbrillen ist eine gute Idee, sollte aber als »pubertäre Macke« schon Wochen vor der Prüfung eingeführt werden.
Wenn du das Spiel mit der Deckung optimal beherrschst, kannst du deinen Spickzettel immer mit irgendeinem Körperteil verdecken, wenn du im Sichtkegel der Aufsichtsperson bist. Gibt es keinen sicheren Schutz, deckst du den Spickzettel ganz ab. Ändert der Lehrer oder Dozent seine Position, verschiebst du dein Schummelmaterial bei nächster Gelegenheit an eine strategisch bessere Stelle und arbeitest dort weiter. So hast du reichlich Gelegenheit, deine Notizen einzusehen.

Das dauernde Hin und Her ist sehr anstrengend, aber immer noch einfacher und vor allem interessanter, als den ganzen Quatsch auswendigzulernen.

Aufsichtsstil berücksichtigen

Feigheit und Sadismus ist ihnen allen gemein, doch jeder Lehrer oder Dozent bevorzugt seine persönliche Art der Kontrolle und bleibt seinem System gewohnheitstiermäßig treu.

- Manche wandern rastlos herum – lästig, aber andererseits wendet dieser Typ dir auch besonders häufig seinen Rücken zu.
- Andere stellen sich gern an die Rückwand. Aber erstens hält keiner dieser Schwächlinge das eine volle Stunde durch. Und zweitens kann man im Schutz des eigenen Rückens eine ganze Menge machen. Du darfst nur nicht vor jeder Aktion auffällig über die Schulter sehen, um zu checken, wo sich der Feind gerade befindet.
- Die meisten bleiben vorn an ihrem Pult sitzen und sind dadurch optimal kalkulierbar. Unbedingt solltest du mit einem Kollegen ausprobieren, was man vom Pult aus sehen kann und was nicht. Die meisten Schummler verraten sich, wenn sie während der Aktion Blickkontakt zur Aufsicht suchen und ihnen die Frage übers Gesicht geschrieben steht: »Mache ich mich eigentlich verdächtig?« Nein – außer gerade jetzt.

Die Einstellung der Aufsichtsperson

Jeder Lehrer, Dozent oder »Hilfswissenschaftler« hat seine ganz eigene Einstellung zum Schummeln. Wenn du den Feind richtig einschätzt, hast du schon halb gewonnen.

- Der Desinteressierte: Vertreter von Dozenten oder Lehrern legen wenig Engagement an den Tag. Sie sehen über viele Mogeleien hinweg.

- Der Faule und Gelangweilte: Dieser Aufsichtstyp sitzt am Pult oder an der Rückwand des Prüfungsraumes und liest, döst oder korrigiert die Arbeiten anderer Geschundener. Ab und zu unternimmt er einen Rundgang. Harmlos.
- Der Verständnisvolle: Mitleid und Desinteresse kennzeichnen diese Sorte Lehrer oder Dozent. Er neigt dazu, an deinen Tisch zu treten, dir über die Schulter zu sehen und wortlos auf Fehler zu deuten. Nur Dilettanten fliegen auf.
- Der Stasi-Typ: Dieser menschenverachtende Hobbydetektiv macht sich einen Sport aus Kontrolle und Schikane. Bei Verdacht kommt er an und checkt unbarmherzig deine Unterlagen durch. Gern wechselt er seinen Platz. Er bildet sich ein, unkalkulierbar zu sein, aber auch dieser Psychopath hat einen bestimmten Rhythmus, dem man sich anpassen kann.
- Der Perfektionist: Er verlangt, daß alle Kleidungsstücke auf einen Platz gehängt werden. Auf dem Tisch duldet er nur Federtasche, Rechner und Lineal. Niemand darf während der Arbeit den Raum verlassen. Er verteilt Prüfungsbogen, die (z. B. durch Lochungen) gegen Austausch gezinkt sind. In diesem Fall muß man sich sehr gut präparieren, kann andererseits aber auch davon ausgehen, daß die Aufsicht mit keinem Schummelversuch mehr rechnet.
- Die kontrollierende Gruppe: 3–4 Personen überwachen 40–60 Prüflinge. Da hat man kaum Chancen, es sei denn, die Schummelnotizen sind so perfekt vorbereitet, daß man sie bei allem Mißtrauen nicht entdecken kann.

Mehrere Tricks kombinieren

Man sollte sich nie auf nur einen Trick verlassen, denn es könnte sein, daß die Aufgaben dann doch etwas anders gestellt werden oder es wegen einer unerwartet scharfen Aufsicht einfach keine Gelegenheit gibt, einen bestimmten Trick anzuwenden.

Glaub-würdigkeit

Bist du deinem Lehrer oder Dozent als faule Pfeife aufgefallen? Nie Ahnung von nix, immer schlecht vorbereitet? Dann tu dir den Gefallen und schreibe auch dann nur eine mittelmäßige Arbeit, obwohl du alle Spickzettel für eine Eins plus im Ärmel hast.
Beim Abschreiben besteht die Kunst darin, die Vorlage kreativ abzuwandeln. Egal, ob du bei einem Mitschüler abschreibst oder dich der einschlägigen Lehrbücher des jeweiligen Fachgebiets bedienst: Du mußt das Material in eigene Worte kleiden, sonst kann man dir die Täuschung nachweisen.

Übung und Nerven!

Du kämpfst für eine gute Sache – deine Zukunft. Aber die vernünftige Einstellung allein reicht nicht. Du mußt verdammt gut sein, wenn du die Statthalter verordneter Verblödung austricksen willst.
Alle Tricks ausprobieren und trainieren, bis du so sicher bist wie David Copperfield. Jeder Handgriff muß sitzen – auch ohne auffälliges Hinschauen. Nur dann kannst du mit dem amtlichen Pokerface deine Tricks abreißen.

Verhalten während des Schummelns

Verzichte auf jede Art von »Vergewisserung«! Lehrer und Dozenten kennen aus langjähriger Erfahrung den gestreßten Blick des Schummlers. »Ob er gerade guckt? Ob ich jetzt – ? Hat er das gerade gesehen? Verhalte ich mich unauffällig genug?«

Beherrsche deine Handgriffe! Zauberer, Taschendiebe und Mogler können einem Menschen direkt in die Augen sehen, während sie mit den Händen die tollsten Sachen machen. Nur der Dilettant schaut unwillkürlich auf seine Finger – und verrät sich natürlich.
Lenke deine Feinde ab! Schau einfach in eine ganz andere Richtung, wenn du deinen Stunt abziehst. Sollte die Aufsicht dich ins Fadenkreuz nehmen, machst du plötzlich einen erstaunten Gesichtsausdruck. Das sieht dann so aus, als hättest du in deiner Blickrichtung etwas Bemerkenswertes entdeckt. Die Aufsicht wird dorthin schauen, um nichts zu versäumen. Du bist gerettet.
Warte die richtige Gelegenheit geduldig ab und nutze sie eisenhart aus! Warum ein Risiko eingehen? Hinter dem Rücken der Aufsichtsperson kann man am besten schummeln. Wenigstens sollte der Lehrer oder Dozent den Blick niedergeschlagen haben.
Ganz schnell oder ganz langsam! Hinter dem Rücken oder im toten Winkel, also im Schutz deines Arms oder Rückens, mußt du schnell handeln. Aber fast ohne Körpereinsatz. Nimm dir ein Vorbild an Bauchrednern: Nur die Stimmbänder bewegen sich, nicht die Lippen.
Wenn du im Gesichtsfeld deines Aufpassers schummeln mußt, tu alles unmerklich in Zeitlupe. Plötzliche Bewegungen würde sein Unterbewußtsein wahrnehmen und den Blick unwillkürlich auf dich richten.

Wenn Gefahr beim Schummeln droht?

Was tun, wenn die fleischgewordene Boshaftigkeit auf deinen Platz zusteuert? Jetzt heißt es: Ablenken und Zeit gewinnen. Du kannst fragen: »Könnten Sie bitte die Vorhänge etwas mehr vorziehen?« oder ein ernstes Chaos verursachen, indem du Sachen runterwirfst (Federmappe etc.) und dabei vielleicht sogar eine Sauerei veranstaltest (Joghurt-Becher, Kakao etc.). Viel besser ist es natürlich, wenn du im absoluten Notfall nicht mehr tust, als einem Kumpel ein vereinbartes Signal zu geben: und dann produziert er das Spektakel, das den Lehrer oder Dozenten magisch anzieht. Es reicht, wenn dein Komplize plötzlich »Aua!« ruft.

Das Verhalten danach

Du hast dir durch dein Schummeln Vorteile verschafft. Mitschüler oder Kommilitonen haben tagelang gepaukt und bei der Arbeit dann doch schlechter abgeschnitten als du. Am besten, sie erfahren nichts davon! Sonst werden sie neidisch. Wer mit seinen Schummeltricks prahlt, wird nicht lange Freude und Erfolg haben.
Auf keinen Fall sollte man »Streber« verhöhnen. Sie könnten einem schaden: schlimmstenfalls als Denunziant, aber auch schon, indem sie nicht mehr abschreiben lassen.
Du solltest niemanden zum Schummeln anstiften. Wenn der erwischt wird, bist du nämlich schuld. Außerdem kann es dir doch nur recht sein, wenn möglichst viele Kollegen aus Angst vor dem Schummeln die Arbeit vergeigen!
Wie verhält man sich also am besten nach einer erfolgreichen Schummelaktion: Man schämt sich und entschuldigt die Mogelei mit klassischen Erklärungen: »Ich hatte absolut keine Zeit, mich vorzubereiten. Ich hatte Streß in der Familie. Ich habe Prüfungsangst und bin immer total blockiert.«

Verschwörer unter sich

Wenn du auf dunklen Wegen erfahren hast, welche Aufgaben bei einer Arbeit drankommen, stellt sich die Frage: Wen sollst du einweihen? Wer soll außer dir von deinem Wissensvorsprung profitieren? Wen rettest du aus den Fängen des feigen Pädagogen?
Du kannst nicht allen alles verraten, denn sonst werden zuviele gute Arbeiten abgeliefert. Das würde verdächtig aussehen, und bestimmt wird die nächste Arbeit bedeutend schwieriger, sowohl vom Stoff als auch von den Mogelbedingungen her.
Such dir die Leute genau aus, die du mit Insiderinformationen beschenkst oder während der Klausur abschreiben läßt. Sie

müssen absolut dichthalten können. Beschränke dich auf gute Freunde und Kollegen, die dir ebenfalls helfen. Eine Hand muß die andere waschen, du bist schließlich nicht Mutter Theresa.
Angeben macht Spaß, aber trotzdem: Reiß dich zusammen und erzähle niemandem, woher du die Aufgabenstellung weißt. Sowas macht die Runde, und kurz darauf funktioniert dein todsicherer Trick todsicher nicht mehr.

Wenn du doch mal erwischt wirst

Reue! Du warst gezwungen zu schummeln, weil es dir wegen allerlei Schicksalsschlägen unmöglich war, seriös zu lernen. Du wirst es nie wieder tun. Du hattest keine Komplizen. Und so weiter und so fort.
Die kriegst eine Fünf oder Sechs als Strafzensur. Vielleicht mußt du die Arbeit auch unter verschärften Bedingungen nachschreiben. Künftig wirst du als entdeckter Schummler mit größtem Argwohn beäugt werden. Bei besonders wichtigen Prüfungen oder besonders dreisten Täuschungsversuchen kann es zu härteren Konsequenzen kommen.
Informiere dich vor jeder Schummelaktion über das Risiko. Was ist anderen in ähnlicher Lage passiert? Wäge Nutzen und Risiko gegeneinander ab. Du willst nicht von der Schule fliegen, nur weil du aus einer Drei eine Zwei machen wolltest.
Im übrigen legt der Autor Wert auf die Feststellung, daß er vehement für die Wiedereinführung der Prügelstrafe plädiert, weil er in ihr die beste Methode sieht, Pädagogen zu erziehen.

Was kommt dran?

Lehrer sind Wiederkäuer

Egal wie schwer und uferlos das Wissensgebiet erscheinen mag: Eigentlich werden immer wieder dieselben Fragen abgenudelt.
Es geht einem Pauker schließlich nicht um die Sache der Wissensvermittlung. Nur niederste Instinkte treiben erwachsene Menschen zu einer so widerwärtigen und widernatürlichen Beschäftigung wie den Schuldienst oder eine Dozentur. Sie empfinden Freude an jeder Art der Folter, aber das Arbeiten haben sie gewiß nicht erfunden. Sie erscheinen ein paar Stündchen an der Anstalt, haben dauernd Ferien und rechnen mit einer ganz besonderen Lehrermathematik vor, wieso sie trotzdem ca. 70 Stunden pro Woche arbeiten.
Der Mann auf der Straße sieht das anders: »Lehrer sind stinkend faul, und Dozenten sind noch schlimmer.«
Stimmt, und darauf kann man sich einstellen:

Uni/Fachhochschule

Du solltest gemeinsam mit Kommilitonen eine Sammlung von Prüfungsfragen aus vorherigen Semestern zusammenstellen. Besonders günstig sind regelrechte Frage-und-Antwort-Kataloge. Vielleicht hast du Glück, und ältere Studenten deines Fachbereiches haben genau das schon längst getan. Rumfragen! Eine derartige Recherche kann äußerst lohnend sein – fürs Lernen genauso wie fürs Texten der Spickzettel.
Was sind die verbürgten Lieblingsfragen deines Dozenten oder Lehrers? Jeder hat seine Schwerpunktthemen. Was kommt mit Sicherheit dran? Da mußt du, wieder gemeinsam mit Kommilitonen, möglichst viele »alte Opfer« des Lehrkörpers ausquetschen.

Gymnasium/Realschule/Hauptschule:

Weil Lehrer noch fauler sind als Schüler, stellen sie vor allem in mündlichen Prüfungen immer wieder die gleichen Fragen.

In Klassenarbeiten strapazieren sie alle Jahre wieder ein lächerlich schmales Repertoire überflüssiger Themen. Es reicht gerade mal für drei Jahre.
Du mußt also nur herausfinden, womit die drei Jahrgänge über dir gequält wurden. Besorge dir die Klassenarbeiten der jeweiligen Klassenbesten und jage sie durch den Kopierer.
Besonders einfallslos sind Lehrer, wenn sie durch Krankheiten geschwächt sind oder eine Konferenz bevorsteht. Und gerade bei der Nachprüfung macht sich keiner die Mühe, für nur ein einziges Opfer eine völlig neue Foltermethode auszutüfteln.

Meisterprüfung, Jägerprüfung etc.

Für bestimmte Mammut-Prüfungen wird mehreren Jahrgängen hintereinander immer derselbe Fragenkatalog vorgelegt. Wenn du weißt, daß du nächstes Jahr deine Meister- oder Jägerprüfung bestehen willst, kannst du dich mit den Kandidaten absprechen, die übernächste Woche drankommen. Jeder soll sich 10 oder 15 der Fragen merken und dir, bzw. dir und deinen Jahrgangskollegen, nach der diesjährigen Prüfung aufschreiben. Ihr wißt dann schon ein Jahr im voraus, welche Fragen man euch stellen wird – wenn ihr nicht gerade Pech habt.

Die Fragen vorher kennen

Bestimmt hättest du so manche Arbeit nicht versiebt, wenn der Nikolaus dir ein paar Tage vorher die Aufgaben in den Strumpf gesteckt hätte. Aber hat er?
Wenn du nicht auf den Weihnachtsmann und seine Helfer warten willst, mußt du das Material selbst beschaffen. Drei Fragen interessieren dich in diesem Zusammenhang:
Tippt der Lehrer oder Dozent seine Aufgabenzettel selbst – oder bekommt die Sekretärin die Fragen zum Abtippen?
Wann und wo werden die Aufgabenzettel vervielfältigt?
Wo werden die Aufgabenzettel bis zur Prüfung verwahrt?

Papierkorb und Computerkopien

Nach der Vervielfältigung im Sekretariat

Wenn du einigermaßen sicher bist, daß die Aufgabenzettel gerade erst kopiert worden sind, fängt deine Detektivarbeit an: Während dein Kumpel die Sekretärin ablenkt, indem er sie unter einem cleveren Vorwand durch die Gegend schickt oder durch eine ungewöhnliche Frage aufhält, suchst du nach verwertbaren Spuren des eben vervielfältigten Aufgabenzettels. Weggeworfene Fehlkopien finden sich (mitunter sogar unzerrissen) im Papierkorb neben dem Kopierer.
Damit ganz sicher Fehlkopien produziert werden, solltest du den Kopierer kurz vor dem fraglichen Kopiervorgang manipulieren. Du kannst das Gerät verstellen (zu dunkel) oder das Glas verdrecken. Ganz Schlaue legen ein paar Blatt mangelhaftes (z. B. ölgetränktes) Papier ins Papierfach.

Papierkorbforschung am Institut

Nachmittags oder abends gehst du unter einem Vorwand in deine Schule oder Uni: Tischtennis, Fotolabor, was vergessen etc. Wie kommst du jetzt an den Kopierer und in den Raum, in dem er steht? Weil du »ganz, ganz dringend eine Kopie machen« mußt, bittest du die Sekretärin, den Hausmeister, eine Putzfrau oder irgendeinen Dozenten bzw. Lehrer, dir schnell den heiligen Raum aufzusperren und das Gerät anzuwerfen.
Ein bombiges Verhältnis zum Personal zahlt sich spätestens jetzt aus. Es lohnt sich, diesen Leuten mit Pralinen, Komplimenten, Lob, Dankbarkeit, interessiertem Zuhören, Verständnis etc. zu schmeicheln – auch wenn man diese Hohlbroschen von Rechts wegen in einen Zwinger sperren müßte.
Wühle immer auch den Müllcontainer der Schule oder des Fachbereichs nach Schätzen durch!

Der Müll des Lehrers

Er redet nicht nur Müll, er schreibt auch welchen – ein Glück! Der Mülleimer vor dem Wohnhaus des Lehrers/Dozenten birgt so manch interessantes Geheimnis – auch die eine oder andere private Information wird dir in die Finger geraten. Du solltest ihn regelmäßig durchwühlen, vor allem aber in der Woche vor der Klausur. Probeausdrucke, die der Pauker-PC ausspuckt, werden selten verbrannt und haben schon so manche Versetzung gerettet.

Raubkopie von der Festplatte des Lehrer-/Dozentencomputers

Von ihrem übertriebenen Gehalt haben sich die meisten Lehrer und Dozenten einen persönlichen Computer geleistet. Es ist schwer, an dieses Heiligtum heranzukommen, wenn es in der Privatwohnung des Bösewichts steht.
Bessere Chancen hast du oder dein Hacker-Kumpel bei Computern, die im Büro des Dozenten oder am Institut stehen. Das Paßwort zum Einloggen hat der Lehrkörper meist in der Schublade »verborgen« – obwohl er sich den Vornamen seiner Frau, eines seiner Kinder oder ein einschlägiges Geburtsdatum eigentlich auch ohne Gedächtnisstütze merken könnte.
Der richtige Computerfreak knackt den Inhalt der Festplatte aber auch mit anderen Methoden: Festplatte kopieren und zu Hause in Ruhe bearbeiten; Rechner lahmlegen und dann »reparieren« – wobei einem das eine oder andere Virus sicher gern zur Hand geht. Ihr müßt ein bißchen kreativ sein!
Jedenfalls: »Da sind sie doch, die Aufgaben für die Klausur in der nächsten Woche!«

Farbbandkassetten lesen

Schreibmaschinen sind noch nicht ausgestorben, und so kann es durchaus sein, daß die Aufgaben zu deiner Angstklausur von der zuständigen Sekretärin ins reine getippt werden.
Da drängen sich dir drei Fragen auf: Wann wurde die hochinteressante Aufgabenstellung abgetippt? Wo hat die Sekretärin danach den Schmierzettel des Lehrers oder Dozenten hingeworfen? Und: Wie kann ich das gebrauchte Farbband durch ein anderes ersetzen?

Den Zeitpunkt des Abtippens findest du heraus, indem du dich mit dem Lehrer oder Dozenten über die angesetzte Klausur unterhältst. Frag ihn, ob die Fragen schon ganz genau feststehen. Er soll bei diesem Gespräch den Eindruck bekommen, du versuchst etwas über den Inhalt der Arbeit herauszufinden. Stellen wir uns vor, du weißt einigermaßen genau, daß der begehrte Aufgabenzettel gerade abgetippt worden ist. Was dann? Ergibt die Suche nach der Vorlage des Lehrers oder Dozenten nichts, mußt du dir die Schreibmaschine vornehmen. Du verschaffst dir nach allen Regeln der Kunst (Generalschlüssel, Putzfrau, Hausmeister, AStA, Panzerknacker AG, Komplize zur Ablenkung der Sekretärin etc.) Zugang zum Sekretariat und tauschst das hochbrisante Farbband der Schreibmaschine gegen ein mitgebrachtes neues aus. Dein Ersatzfarbband sollte weit genug vorgespult sein, sonst fällt irgendwem irgendwann mal auf: »40.000 Seiten abgetippt, und immer noch die gleiche Farbbandkassette!«
Lesen des Farbbandes: du nimmst das beschriebene Band aus der Kassette und suchst rückwärts nach vielversprechenden Formulierungen. Farbbänder sind schwer lesbar, weil die Abdrücke der Buchstabenketten oft in Zickzacklinie verlaufen und der Text immer ohne Leerzeichen abgebildet ist.

»Entleihen« der Aufgabenzettel

Der feige Unmensch mit dem Zeigestock stiehlt dir die schönsten Jahre deines Lebens – und bekommt auch noch Geld dafür. Da ist es doch nur recht und billig, wenn du ihm einen überflüssigen Fetzen Papier mopst. Ist ja nicht für immer. Nach der Arbeit kann er ihn ja wiederhaben.
Irgendwo werden die Aufgabenzettel aufbewahrt, bevor ihr vernichtender Kampfeinsatz erfolgt. Erste Frage: Wo?

Sekretariat der Anstalt

Dein Komplize lockt die Sekretärin aus dem Büro, und du durchsuchst die Ablagefächer des Lehrers oder Dozenten sowie sämtliche Papierkörbe in der näheren Umgebung. Verzichte in diesem Zusammenhang auf Geiselnahme.

Lehrerzimmer

Vielleicht hat der Feind die unlösbaren Aufgaben in seinem Fach im Lehrerzimmer deponiert. Nachmittags oder abends schleichst du dich hinein und kontrollierst die Ablage.

Einbrechen?

Zwei Kollegen von mir hatten in ihrer Schulzeit einen Nachschlüssel zu diversen Türen der Schule. Sie hatten einem schusseligen Lehrer während einer Exkursion die entscheidenden Schlüssel vom Schlüsselbund genommen, sie kopieren lassen und zurückgelegt. Die Schlüssel brachten reichlich Vorteile ...

Ein Schüler, der eine Klasse über mir war, hatte sich darauf spezialisiert, Fenster so zu präparieren, daß man sie nicht vernünftig schließen konnte. Er stieg nachts gnadenlos in die Schule ein und durchwühlte die Schubladen, in denen er – zu Recht – die alles entscheidenden Aufgaben für eine Klausur vermutete.

So erfolgreich manche mit derartigen Methoden sein mögen: Einbruch ist und bleibt eine Straftat, und irgendwo muß es auch Grenzen geben.

Das vernünftige Risiko

Nicht immer ist Schummeln so erfolgreich, wie man es sich vorher ausgemalt hat. Risiko ist okay, aber es muß im Verhältnis zum wahrscheinlichen Schummelerfolg stehen.

Wenn du »kriminelle« Methoden anwendest und erwischt wirst, verweist man dich bestimmt von der Schule oder exmatrikuliert dich. Ende Banane. Ist es das wert?

Meist kannst du mit weniger gefährlichen Mogeleien in letzter Sekunde das Blatt genauso gut wenden.

Der optimale Spickzettel

Arbeitsaufwand – Vorbereitungszeit Spickzettel

Konsequent hast du der Verblödung vorgebeugt und deinem empfindlichen Gehirn den schwachsinnigen »Stoff« erspart, mit dem es systematisch deformiert werden sollte. Ohne Dauerschäden befürchten zu müssen, verdichtest du den Wissensmüll vor der Klausur zu einem handlichen Spickzettel.

Wer sich auf eine schwierige Arbeit vorbereitet, kann durchaus ein bis zwei Tage damit beschäftigt sein, seine optimalen Mogelunterlagen zu erarbeiten.

Besonders bewährt hat sich eine Kombination von Lernen und Schummeln. Gerade wenn man das Lernen immer verschoben hat und nun beim besten Willen die Zeit nicht mehr reicht, sollte man alles lernen, was sich logisch im Kopf verknüpfen und durch ein paar Stichwörter zur Sicherheit notieren läßt. Beim stumpfsinnigen Teil (Zitate, Definitionen, Formeln, Unlogisches) hilft der Spickzettel.

Viele Schüler und Studenten haben beste Erfolge, wenn sie die wahrscheinlichen Themen lernen und sich auf die Gemeinheiten durch Mogelmaterial vorbereiten. Oft wird man sich das Schummeln schenken können.

Der richtige Spickzettel ist schon der halbe Schummelerfolg. In naturwissenschaftlichen Fächern kann man sich oft darauf beschränken, ein Dutzend Formeln zu notieren, und fertig. Aber was machst du, wenn der Inhalt eines halben Lehrbuchs geprüft werden soll?

Bestimmte Schlüsselwörter helfen dir auf die Sprünge, wenn du den heiklen Stoff zwar durchgearbeitet hast, aber nicht sicher beherrschst. Sie gehören auf den Mogelzettel. Genau dasselbe gilt für stupide Listen, die sich niemand merken kann. Mogelkünstler können zwei Seiten Text in zehn wohlüberlegten Wörtern zusammenfassen. Das muß man lernen.

So sieht ein Mogelzettel aus

Der Spickzettel muß auch unter erschwerten Voraussetzungen lesbar sein.

- Schrift: Am besten schreibt man also in normalgroßer Druckschrift mit großen und kleinen Buchstaben. Feine Faserstifte eignen sich gut zum Schreiben, ebenso Rapidographen (0,25 mm). Bleistift ist schlecht lesbar und wird daher nur angewendet, wenn du deine Formeln und Notizen z. B. in ein »erlaubtes« Buch einbauen willst.
  Die fertige Vorlage wird auf einem Fotokopierer so weit verkleinert, daß du noch vernünftig mit ihr arbeiten kannst.
- Abkürzungen: sparen wertvolle Quadratzentimeter Platz, sollten aber nicht so kurz, abstrakt oder weit hergeholt sein, daß man sich unter Druck nicht mehr an ihre Bedeutung erinnern kann. Enge, kleine Schrift und geringer Zeilenabstand helfen auch. Gegen die Unübersichtlichkeit der Wörterwüste helfen farbige Markierungen.
- Stichwörter oder ganze Sätze? Auch Stichwörter sparen viel Platz. Aber ich kenne Leute, die können mit ihnen im knallharten Prüfungsstreß nicht genug anfangen. Gerade bei Definitionen kann es lohnen, sie auf dem Spickzettel auszuschreiben. Komplexe Themen werden mitunter nur dadurch transparent, daß du die einzelnen Notizen im Stichwortstil grafisch miteinander verknüpfst.

Und Gott schuf den Fotokopierer

Der Allmächtige schämte sich für die Erfindung unseres Bildungssystems so sehr, daß er eines Nachts den Herren Canon und Xerox erschien und sie inständig bat, allen Schülern und Studenten ein Heilmittel gegen die Willkürherrschaft an den Anstalten zu entwickeln.

Verkleinern

Computer und Schreibmaschinen sind neben dem Fotokopierer die wichtigsten Werkzeuge in der Schummelindustrie. Drucke deine Texte in einer gut lesbaren Schrift aus (Times ist am besten, gefolgt von Helvetica). Fette Schriften eignen sich am besten zum Verkleinern. Wähle einen extrem kleinen Zeilenabstand. Leerzeilen sind pure Verschwendung. Statt dessen solltest du immer dann, wenn eigentlich ein neuer Absatz beginnen würde, vier »X« einsetzen und auf der Kopie farbig markieren. Jeder Quadratmillimeter eines Spickzettels ist wertvoll!

Mogelzettel kopieren

Es macht verdammt viel Arbeit, sich einen Mogelzettel zu erarbeiten. Oft braucht man ihn danach gar nicht mehr, weil man den Stoff bei den Schummelvorbereitungen von allein kapiert hat.
Wesentlich ökonomischer ist es da, wenn man sich mit mehreren zusammentut, und nur einer aus der Truppe stellt einen Mogelzettel her – die anderen fotokopieren ihn sich.

Tricks für Einzeltäter

Die folgenden Tricks sind in der Praxis erprobt und funktionieren, wenn man dich mit exotischen Fragen quälen will. Sie sollen dir als Anregung für eigene Patente der ausgleichenden Gerechtigkeit und Notwehr dienen, denn deine individuelle Schummelsituation unterscheidet sich ganz bestimmt in entscheidenden Details von anderen.
Versuche, weitere Verstecke für Spickzettel zu finden. Überlege, welche »harmlosen« Materialien du noch mit Schummel-Fakten beschriften kannst. Denke dir neue Wege aus, mit Komplizen im Klausurraum zu kommunizieren. Erfinde maßgeschneiderte Tricks, um Aufgaben und Mogeleien aus dem Klausurraum hinaus und wieder hinein zu schmuggeln.

Das Schummel-Notizbuch

Das Format ist entscheidend: Das Notizbuch muß sich in der hohlen Hand verbergen lassen, darf also keinesfalls größer als 70 x 90 mm sein. Ein zu großes Notizbuch kannst du im Copyshop maschinell auf das gewünschte Format schneiden lassen. Aus einem normalen Abreißblock mit Klebekante kann man mehrere Mini-Blocks schneiden lassen.

Der Ziehharmonika-Spickzettel

Ein sehr handliches Nachschlagewerk entsteht, wenn du mehrere im Kopierer verkleinerte Spickzettel mit Tesa-Film nebeneinanderklebst und dann wie eine Ziehharmonika faltest. Mit etwas Planung kannst du es sogar erreichen, daß Vorder- und Rückseite beschriftet sind.

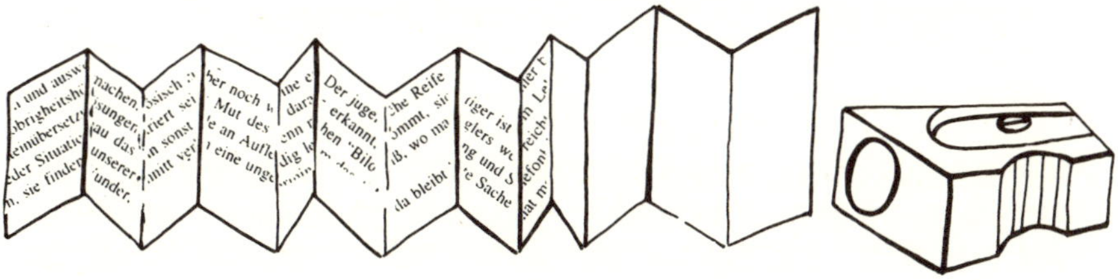

Schummel-Karteikarten

- Wiederum darf das Format 70 x 90 mm keinesfalls überschreiten. Du nimmst kariertes Papier, blütenweiß (wegen der besseren Lesbarkeit) und beschreibst es mit wasserfestem Faserstift, Rapidograph oder Druckbleistift (0,5 mm Mine, Härte H oder HB). Füller, Kuli oder Filzer verwischen durch Schweiß.
- Schreibe in sehr kleiner Schrift – zwei Zeilen pro Karo –, wenn du nicht sowieso mit einem verkleinernden Fotokopierer arbeiten willst.
- Unterstreichungen und Heraushebungen durch Buntstifte oder Marker. Auch die Gliederung kann man farblich ausführen, anstatt durch Leerzeilen und weiße Fläche wertvollen Raum zu verschwenden.

Mit der Schummelzettelkartei kannst du dich retten, wenn in einer Arbeit ein sehr großes Gebiet geprüft werden soll. Du bereitest für alle möglichen Unterthemen jeweils einen Spickzettel vor, auch wenn du schon vorher weißt, daß du den größten Teil der Karten nicht brauchen wirst.

- Jede »Karteikarte« behandelt einen eigenen Themenkomplex. Die Vorderseite ist mit dem Schummeltext beschrieben, die Rückseite trägt in Längsrichtung eine griffige Überschrift (Schrift ist ein Karo groß).

- Alle Karteikarten werden in thematisch vernünftiger Reihenfolge in ein kleines Notizbuch eingelegt – alle zwei Seiten ein Zettel.
- Zum Schummeln ziehst du das Notizbuch aus dem Versteck, wählst die passenden Spickzettel heraus, sobald dir die Prüfungsaufgabe gestellt wurde. Jetzt kannst du das Notizbuch mit den unnötigen Spickzetteln wieder verschwinden lassen.
- Vorteil des Systems: Man muß sich nicht merken, in welcher Jackentasche welches Thema beantwortet wird.

Der Mini-Spiralblock mit Register

- Beschreibe einen karierten Spiralblock: zu beschreibende Fläche (6 x 8 cm) anzeichnen und beschreiben. Auch hier wieder: pro Seite ein Thema. Die unteren 5 mm bleiben frei. Du solltest nur die Vorderseite beschriften, sonst wird das »Werkzeug« unpraktisch und kann nicht unauffällig benutzt werden.
- Wenn die Beschriftung erledigt ist, auf Format (ca. 6 x 8 cm) schneiden (Schere, Grafikermesser, elektrische Papierschneidemaschine im Kopiergeschäft).
- Als letztes bastelst du dir ein treppenartiges Register:

Stell dir vor, dein Spiralblock solle 25 Mogelseiten dick werden. Teile die Breite der Seite in 25 etwa gleichbreite Felder und zeichne diese auf den freien 5 mm am unteren Rand an. Ritze sämtliche Seiten so an, daß du weißt, wo die 25 Felder

liegen. Trage im äußersten linken Feld der 1. Seite die Seitenzahl »1« ein. Trage im zweiten Feld der 2. Seite die Seitenzahl »2« ein – usw. bis Seite 25. (Für Computerfreaks: Alle Seitenzahlen auf jeder Seite nebeneinander drucken.)
Schneide auf Seite 1 die freien 5 mm Rand von rechts bis zum Beginn des 2. Feldes weg. Schneide auf Seite 2 die freien 5mm Rand von rechts bis zum Beginn des 3. Feldes weg – usw. bis Seite 25.
Ergebnis: Jedes Blatt ist eine Stufe der »Register-Treppe« und mit der entsprechenden Seitenzahl beschriftet.

- Inhaltsverzeichnis mit Seitenangabe aufs Deckblatt schreiben.
  So erspart man sich umständliches und auffälliges Nachblättern.

Man kann die Seitenzahlen auch der Länge nach anbringen. Wenn du einen besonders dicken Spiralblock bastelst, solltest du nur jede dritte Seite so deutlich markieren wie eben beschrieben. Die »Treppenstufe« davor und die danach bleiben unbeschriftet und sind viel schmaler.

Die Anwendung des Spiralblocks ist einfach, deshalb lohnt sich sicher der Aufwand: Du hältst den kleinen Block in der Hand oder legst ihn hinter einem Sichtschutz (Kakao-Tüte, dickes Buch, Chaos auf deiner Arbeitsplatte) ab. Wenn du cool genug bist, versteckst du ihn zwischen Unterarm und Körper.

Löschblätter und graviertes Papier

- Beschriftetes Löschblatt: Auf einem vielgebrauchten Löschblatt findet man reichlich Schriftreste – eine gute Tarnung für Mogel-Fakten. Voraussetzung: regelmäßiges Aussehen unbedingt vermeiden! Formeln kannst du nach deinem geheimen Chiffriersystem zerlegen und auf verschiedene Teile des Löschblattes verteilen.
- Graviertes Löschblatt: Nimm einen leeren Kuli und schreibe alles Wichtige aufs Löschblatt. Deine Notizen werden auch für dich schwer zu entziffern sein. Schreibe groß genug und achte auf einen Prüfungsplatz mit geeigneter Beleuchtung: schräg einfallendes Licht hilft dir sehr beim Entziffern.
- Butterbrotpapier-Durchschläge: Lege einen Bogen Butter-

brotpapier auf dein Löschblatt und wähle eine harte Schreibunterlage (Glas etc.). Jetzt nimmst du einen Kuli und schreibst deine Geheimnisse mit großem Druck durch. Das Löschblatt ist nun sowohl graviert als auch mit einer leicht glänzenden Schrift präpariert.

- Papiergravur in Lehrbücher: Nach der beschriebenen Methode kannst du natürlich auch große Textmengen in den erlaubten Nachschlagewerken unterbringen.

Klebriges Papier

Zum Rumprobieren und Vorschreiben brauchst du bestimmt reichlich Papier. Also legst du dir vor der Arbeit einen Stapel blütenweißer A4-Blätter auf den Tisch. Nur eines in der Mitte des Stapels ist ein bißchen beschrieben: auf der Unterseite, dünn mit Druckbleistift, und auch nur in der Mitte. Blättert der Lehrer flüchtig durch den Stapel, sieht er nichts. Außerdem hast du das verdächtige Blatt mit einer Spur Honig an dem darunterliegenden weißen festgeklebt.
Sollte der Lehrer dein Papier checken, sagst du, du hättest offenbar die dünne Schrift übersehen, und der Zettel stamme vom Üben. »Muß unter die weißen Blätter gekommen sein, als ich gestern ein Honigbrot (!) gegessen und ein Käffchen getrunken (Rand!) habe. Entschuldigung.«
Sieht er es nicht, schreibst du während der ersten halben Stunde immer nervöser Zettel voll, streichst alles durch, legst wieder von vorn los – bis ein Durcheinander auf dem Tisch entsteht und niemand mehr sagen kann, wann was geschrieben worden ist.

Die drehbare Schriftrolle

- Dieser Spickzettel ist nur 30–50mm breit, dafür aber sehr lang. Du beschriftest ihn entweder quer oder, mit schmalen Textspalten, der Länge nach. Wenn du mit dem Kopierer arbeitest, schneidest du die entsprechenden Streifen von einer A4- oder A3-Kopie und klebst sie hintereinander.
- Mit Rollvorrichtung: Klebe beide Enden des Streifens an einer leeren Tintenpatrone oder – eleganter – an einem dünnen Röhrchen (Plastikstrohhalm) fest. Dann rollst du ihn auf. Damit du bequem in deinen beiden Schriftrollen

hin- und herschummeln kannst, müssen die beiden Rollen zusammengehalten werden. Am besten schiebst du einen steifen Draht durch die Rollen: ein U-förmig gebogenes Stückchen von einem Drahtbügel (aus der chemischen Reinigung) tut die besten Dienste. Stecke beide Rollen auf, und biege dann die oberen Enden des Drahtes zusammen.
Eine andere Methode: du rollst deinen Papierstreifen auf zwei kurze Bambusstäbchen oder Stahldrähte und ziehst auf beiden Seiten ein Gummiband um die beiden Enden, damit die Rollen zusammengehalten werden.

- Ohne Rollvorrichtung: Es reicht schon, wenn du einen meterlangen, 30-50mm breiten Streifen von beiden Enden aufrollst und so lange immer wieder hin- und herrollst, bis er sich von allein aufrollt. Du kannst die Spickzettelrolle in der hohlen Hand lesen und bei Bedarf weiterspulen.
- Mehrere Rollen: Je nach Thema könnte jede Rolle in einer anderen Farbe sein oder sich an einer anderen Stelle deines Körpers verbergen.

Die ausschwenkbare Karteikarte

- Die noten-rettenden Informationen schreibst oder kopierst du auf die untere Hälfte eines steifen Kartons in Postkartengröße.
- 5–10mm oberhalb der Mitte der unbeschriebenen Hälfte der »Postkarte« stichst du eine Reißzwecke durch die Pappe. Um diese Achse wird sich die schwenkbare Schummelpappe drehen.
- Befestige deinen Schummelkarton mit der Reißzwecke unter der Tischplatte deines Prüfungsplatzes. Im Tarn-Zustand soll dein Spickzettel die oben empfohlenen 5–10 mm hinter der Tischkante beginnen. Im ausgeschwenkten Zustand darf die Tischkante keine wertvolle Zeile verdecken.
- Spezialitäten: Du kannst mehrere dieser drehbaren Gedächtnisstützen installieren. Achte aber darauf, daß sie sich beim Drehen nicht gegenseitig ins Gehege kommen.

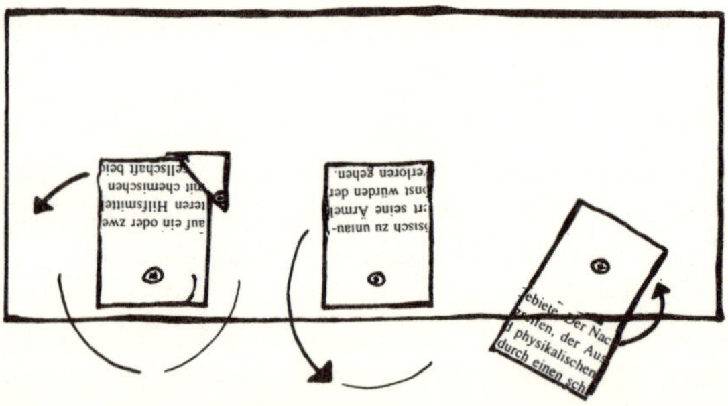

Zu labberiger, zu schwerer oder zu langer Karton hängt schnell durch.

Lösung gegen Durchhängen:

- Kunststoffe: Manche Experten verwenden sehr steife, aber dünne Kunststoffe für ihre schwenkbaren Spickzettel. Das Trägermaterial wird mit dem eigentlichen Spickzettel (aus dünnem Papier!) beklebt.
- Stahlverstärkte Pappe: Das Durchhängen kannst du verhindern, indem du den Karton der Länge nach zu einem ganz flachen U einwölbst (beschriftete Seite innen) und drei ganz dünne Stahldrähte mit Kraftkleber auf die Rückseite klebst. Nach dem Trocknen steht die Pappe weiterhin unter leichter Spannung und hängt nie durch. Die schmalen Ränder mußt

du unbedingt ein paar Millimeter nach unten umknicken, sonst schaben sie zu laut an der Tischplatte.

- Haltevorrichtung für übergroße Kartons: Gegen das Durchhängen im Tarn-Zustand kannst du eine Haltevorrichtung unter der Tischplatte anbringen, in die du eine der beiden gefährlichen Ecken des schwenkbaren Schummelkartons einschieben kannst. Ein dreieckiges Stück stabiler Pappe wird mit Klebestreifen an der entsprechenden Stelle des Tisches befestigt.
  Du solltest unbedingt das »Parken« deines Schummelkartons üben!

Achtung: Ablagefächer unter Tischplatten werden oft standardmäßig kontrolliert, weil sie sich zum Schummeln geradezu aufdrängen.

Das Schubladen-System

- Die Spickzettel haben wieder etwa Postkartengröße. Für die Schubladen-Methode kannst du einen dünneren Karton verwenden.
- Das Prinzip: Deine »Postkarte« bewegt sich wie eine Schublade in einer Führung aus zwei gefalzten Pappstreifen unter der Tischplatte. Noch sicherer: Ein sehr steifer Karton (im Farbton der Tischplattenunterseite deckt die ganze Geschichte ab und schafft 50% mehr Betriebssicherheit).

- Um jede Art von Verkanten zu verhindern, solltest du alle vier Ecken deiner »Schublade« rund schneiden.
- »Selbstschließende Schublade«: ein Gummiband am hinteren Ende der Schummelpappe zieht die verbotene Gedächtnisstütze automatisch zurück in die Unsichtbarkeit, wenn du deinen Spickzettel plötzlich losläßt. Achte auf frische (!) Gummis! Poröse reißen gern. Du solltest die Pappe dort verstärken, wo du das Gummi anbringst. Je länger das Gummi,

desto gleichmäßiger seine Zugkraft. Also befestige es möglichst am hinteren Ende deiner Tischplatte.

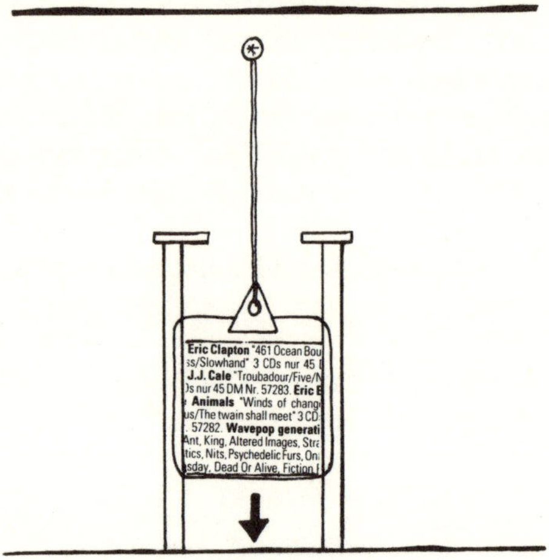

- Profi-Version »Doppelter Boden«: Klebe zwei Lagen Holzfurnier mit mehreren »Schubladen« unter die Tischplatte. Ein Freund von mir hat seine Schulbank sorgfältig vermessen, alles in Vatis Hobbykeller vorbereitet und an einem Nachmittag unter die Tischplatte geleimt. Diese »Schublade« existiert noch immer, ist aber nicht in Benutzung. Keiner hat sie seit seinem erfolgreichen Abschluß bemerkt – der Mann hat sich sein erschummeltes Abi redlich verdient.

Klebeetiketten

- Im Schreibwarengeschäft kannst du weiße Adreßaufkleber als Endlosformular kriegen, wie man sie im Computerdrucker bedruckt. Copyshops führen A4-Bogen, auf denen soundsoviele einzelne Klebeetiketten (samt Stanzung) nebeneinander aufgebracht sind.
- Solche Etiketten kann man hervorragend beschriften (Rapidograph 0,25 mm) oder vollkopieren und dann auf den Unterarm kleben. Vier normale Adreßaufkleber passen auf einen DIN-Unterarm. Zwerge können sich die handelsüblichen Etiketten so zurechtschneiden, wie sie sie brauchen.
- Zur modischen Abrundung der beklebten Arme empfehlen Pariser Modeschöpfer weite Pullover mit schlabbrigen Ar-

men. Schließlich sollen die Etiketten bei abgelegtem Unterarm unsichtbar bleiben.

- Die optimale Position für deine rettenden Aufkleber solltest du bei entspannt auf den Tisch gelegtem Arm austesten und am Tag vor der Tat mit Filzstift auf dem Arm markieren. Warte mit dem Aufkleben bis zum Morgen vor der Prüfung.
- Vom Fußknöchel über die Wade bis fast hoch zum Knie kannst du deine Beine mit informativen Adreßaufklebern vollpflastern. Natürlich mußt du eine sehr weite Hose tragen, um diesen Trick genießen zu können.
- Damit das angehobene Hosenbein im Moment höchster Gefahr blitzschnell wieder herunterrutscht, beschwerst du den Saum mit Gardinenschnur (Bleigewichte), die du von innen mit Zwirn am Stoff der Hose festheftest.

Tempo-Taschentücher

Auch im Sommer erwischt dich die Grippe mit Schnupfen und roten Augen (reiben). Zwei Tage vor der Klausur fing es an, jetzt ist es schlimm. Ein halber Regenwald mußte abgeholzt werden, um deinen Bedarf an Tempo-Taschentüchern zu decken.
Natürlich sind die hygienischen Papierprodukte beschriftet. Zur Tarnung hast du zwei korrekte Exemplare dabei, falls dich jemand um eins bittet. Die benutzten Tücher verschwinden in einem Beutel unter der Bank – wegen eklig und Bakterien.

Informative Lineale

Wichtige Formeln und ein paar Fakten kannst du auf der Rückseite deines Lineals unterbringen.

- Beklebtes Lineal: Bastele dir einen kleinen Spickzettel und klebe ihn auf die Rückseite eines Lineals aus Holz oder Metall. Während der Klausur lehnst du das Lineal gegen die Federtasche. Droht Gefahr, stößt du, während du hustest, gegen deinen Tisch. Das Lineal kippt und fällt mit der präparierten Seite nach unten in eine harmlose Lage.

- Tarnregel: Je ähnlicher Farbe und Oberfläche von Schummelmaterial und erlaubtem Gegenstand, desto geringer das Entdeckungsrisiko.
- Transparentfolie: Dein Schummelmaterial im Format des Lineals oder Geodreiecks aufschreiben und auf eine matte Transparentfolie kopieren. Dann ausschneiden und auf die erlaubten Werkzeuge aufkleben (»Fixogum«-Grafikkleber läßt sich nach dem Einsatz wieder abrubbeln).
- Ritzen: Plastik- oder Aluoberflächen lassen sich ganz wunderbar mit einer Nadel beschriften – die erste »vernünftige« Aufgabe für die Spitze deines Zirkels. Im Grafiker- und Künstlerbedarfshandel gibt es noch besser geeignete Werkzeuge (Stichel).
- Aufklappbare Lineale: Holzlineale mit unbeschrifteter Rückseite kannst du fast ganz mit deinem Schummelmaterial bekleben. Deine Geheimnisse verschwinden im Gefahrenfall unter einem »Deckel« aus Dece-fix oder einer anderen Plastikfolie mit Furniercharakter. Der Deckel wird der Länge nach aufgeklappt, muß also links mit einem schmalen Streifen doppelseitigen Klebebands befestigt werden.
- Die Linealsammlung: Ein Lineal kann nur wenige Informationen aufnehmen. Aber in deinem Hosenbein oder im Schaft deiner Cowboyboots könntest du mehrere gleichartige Lineale unterbringen, die du durch unterschiedliche Farbmarkierungen thematisch unterscheiden kannst.

Der durchsichtige Werbekugelschreiber

Wenn du so ein Sammlerstück besitzt, bringst du eine kleine Schriftrolle in seinem Innern unter – 40 x 10 mm können einen in Mathe, Chemie oder Physik retten.

Der hohle, aufklappbare Bleistift

- Nimm einen Bleistift, schneide ihn mit einem Teppichmesser der Länge nach auf und entferne die Mine bis auf Reste an beiden Enden des Bleistiftes. Dann höhlst du beide Hälften wie einen Einbaum aus – das notwendige Werkzeug, einen Hohlbeitel, bekommst du in jedem Bastelladen.
- Die Höhlung beklebst du mit deiner kleinen Formelsammlung. Dann setzt du die beiden Bleistifthälften wieder zu-

sammen. Wenn du den Bleistift geschickt gespalten hast, sieht man nichts von der Manipulation.

- Eine der beiden Längsfugen überklebst du auf ganzer Länge mit Tesa-Film. Dadurch entsteht eine Art Scharnier: Du kannst den Bleistift nach Belieben auf- und zuklappen.
- Damit der Schummelstift glaubwürdig aussieht, muß an beiden Enden die Mine zu sehen sein. Wenn sie beim Spalten nicht korrekt erhalten geblieben ist, setzt du vorne und hinten Minenstücke ein und klebst sie an einer Hälfte des Bleistiftes fest.

Präparierte Bücher

Gerade bei anspruchsvolleren Klassenarbeiten ist es erlaubt, »Lektüren«, Formelsammlungen, Lexika, Atlanten etc. als Hilfsmittel zu benutzen. Sie alle haben eines gemeinsam: die furchtbare Papierverschwendung. Überall zwischen den Zeilen steht praktisch nichts. Dem kann abgeholfen werden.
Sollten die Bücher auf deinem Tisch sorgfältig kontrolliert werden, fallen handschriftliche Zusätze besonders auf. Sie sollten also mit besonders dünnem Bleistift hingehaucht oder auf Bilder (optimal: Landkarten) geschrieben sein.
Aber es gibt einen viel besseren Trick: Schreibe deine Schummeltexte auf einem Computer mit derselben Schrift, demselben Zeilenabstand und derselben Spaltenbreite wie die Seiten des erlaubten Buches. Dann trennst du eine solche Seite heraus und überklebst an manchen Stellen deren Fließtext mit deinem Mogelmanuskript. Die ganze Sache jagst du durch ei-

nen Farbkopierer (achte auf ein ähnliches Papier!), um die neu montierte Seite dann äußerst kunstfertig in das Buch einzuarbeiten.

Die vollgeschriebene Tafel

»Bitte nicht wegwischen!« steht auf der vollgeschriebenen Tafel, und amtlich wird dieser Wunsch durch die typische Kurzunterschrift eines Lehrers. Wunderbare Gelegenheit für dich, das Blabla an der Tafel mit ein paar heimlichen Gedächtnisstützen für die Klassenarbeit zu spicken, die du bei einem anderen Lehrer schreiben mußt.

Natürlich kannst du eine leere Tafel auch ganz allein vollschreiben und mit »Bitte nicht wegwischen!« zu deinem großformatigen Mogelzettel machen.

Wenn es irgendwie geht, zieh diesen Trick nicht vor der ganzen Klasse ab – sonst glotzen alle auf die Tafel, und dann wird der Lehrer Fragen stellen.

Beschriftete Radiergummis

Kauf dir ein Radiergummi, das in einem »Gehäuse« steckt. Du kannst die vom Gehäuse verdeckten Seiten mit Formeln beschreiben oder bekleben.

Taschenrechner-Tricks

In Mathe und naturwissenschaftlichen Fächern sind Taschenrechner bei vielen Klausuren erlaubt. Ein Glück, denn man kann wunderbar mit ihnen mogeln:

- Abgucken: Du sitzt neben einem Kollegen mit Durchblick. Munter knackt er die unfairsten Aufgaben und läßt alle (Zwischen-)Ergebnisse auf dem Display stehen, bis du sie abgeschrieben hast. Dieser Trick steht und fällt mit den Lichtverhältnissen: Du mußt sein Display korrekt ablesen können.

- Pantomime: Bei diesem Trick kannst du auch über mehrere Meter Distanz mogeln. Dein gebildeter Kumpel errechnet in Windeseile sein Ergebnis und schreibt es auf. Dann tippt er die Lösung in Zeitlupe auf der Tastatur seines Rechners nach. Du verfolgst seine Fingerbewegungen.
- Fortgeschrittene verständigen sich über eine unsichtbare Tastatur: Entsprechend des Tastenfeldes eines Taschenrechners tippt dein weiser Helfer ganz langsam mit dem Finger auf die Stellen des Bogens, auf denen die signalisierte Zahl stehen würde.
- Zeichensprache: Hat zwar nichts mit Taschenrechnern zu tun, paßt aber hierher. Dein Komplize hat mit dir eine Zeichensprache vereinbart und trainiert. Mit ihrer Hilfe kann er dir die Zahlen samt Kommas, Wurzeln, Bruchstrichen und all den anderen Gemeinheiten rüberfunken.
- Taschenrechnertausch: Jeder in der Mogler-Truppe arbeitet mit demselben Taschenrechnermodell. Wer durchblickt, löst die Aufgaben und legt die einzelnen Ergebnisse in den verschiedenen Speichern/Memories des Taschenrechners ab. Dann werden die Rechner ausgetauscht.

Programmiertricks

Es gibt heutzutage eine unübersichtliche Vielzahl von Taschenrechnern, und es würde zu weit führen, auf einzelne Typen einzugehen. Alle eignen sich zum Schummeln, einige mehr, andere weniger. Faustregel: Je größer der Speicher und die Funktionsvielfalt, desto größer die Chancen.

Am schönsten sind programmierbare Taschenrechner mit einem Dauerspeicher (constant memory), der auch nach dem Ausschalten nicht gelöscht wird.

Viele Geräte sind in der Lage, Formeln, Rechenwege und sogar kurze Texte zu speichern. Die einzelnen Speicher solcher Rechner kannst du also praktisch wie Spickzettel einsetzen, und auch hier besteht die Kunst darin, sie vor den mißtrauischen Augen der Aufsicht zu verbergen.

- Programmierte Formeln: An den Tagen vor der Arbeit programmierst du sämtliche in Frage kommenden Formeln in

die einzelnen Speicher. Das ist natürlich streng verboten. Während der Arbeit benutzt du den Rechner nicht etwa, wie es erlaubt ist, für die Grundrechenarten und ähnlich harmlosen Schnickschnack. Statt dessen zauberst du die rettenden Formeln aus dem Geheimspeicher, setzt die vom Lehrer vorgegebenen Zahlen ein und läßt den Rechner rechnen.
Das Endergebnis notierst du ein paar Zeilen weiter unter der Aufgabe, denn selbstverständlich willst du nachträglich im freigelassenen Zwischenraum ausführlich deinen Rechenweg beschreiben.
Dazu fragst du die Zwischenergebnisse aus dem Datenspeicher ab und notierst sie in der richtigen Reihenfolge übereinander. Dann bittest du den Taschenrechner, dir seine Rechenschritte aus dem Programmspeicher anzuzeigen.
Im Prinzip tippst du also die Zahlen zur Formel ein, um dich dann vom Endergebnis rückwärts durch die Speicher zu hacken.

- Formeln im Taschenrechner verstecken: Nur wenige Lehrer überprüfen die Speicher der Rechner, die du während der Klausur benutzen darfst. Zur Sicherheit kannst du jedoch bestimmten Speichern einen Passwort-Schutz zuordnen oder die ersten Zeilen der Speicher mit Leerzeichen füllen, um den Eindruck eines leeren Speichers zu erzeugen.
- Geheime Batterie: Gnadenlose Lehrkörper verlangen von ihren Opfern, bei Beginn der Klausur eine Minute lang die Batterien aus den Taschenrechnern zu nehmen. Als Puffer für kurzzeitige Stromausfälle hat jeder Taschenrechner einen Kondensator, aber der hält nicht länger als 30 Sekunden durch – dann ist Ende Banane.
  Allerdings nicht bei deinem Taschenrechner! Denn du warst so superschlau, im Innern des Gehäuses parallel zur »offiziellen« Batterie geheime Knopfzellen zu installieren.
  Achte darauf, daß die Spannung deiner Knopfzellen insgesamt so hoch ist wie die der offiziellen Batterien: Summiert sich die Spannung aus den Original-Batterien auf 3 V, muß die Knopfzelle ebenfalls 3 V haben – oder man schaltet zwei 1,5-V-Zellen hintereinander, die man dann als Paket parallel zum eigentlichen Stromkreis anschließt.
- Display abschalten: Checkt die Aufsicht, ob der Taschenrechner ohne Batterie auch wirklich keinen Mucks von sich gibt? Unwahrscheinlich. Aber wenn du ganz sichergehen willst,

daß dein Display auf Wunsch tot bleibt, läßt du dir von einem Bastler einen geheimen Schalter für die LCD-Einheit einbauen.

Graffiti

Schulmöbel sind sowieso bekritzelt, vollgesprayt, vollgeritzt, beschmiert oder auf andere Art versaut. Du besorgst dir abwaschbare Stifte in Farben, die auf der gewünschten Oberfläche nicht so auffallen, und schreibst deine Schummelinfos gnadenlos auf die Tischplatte. Aber bitte unregelmäßig, sonst fällt es auf.

Sticker

Auf jeder freien Stelle deiner Schultasche, Federmappe, Bücherrücken oder Schulmöbel klebt ein Sticker. Kleine, große, doofe, ganz doofe – und das ist gut so, auch wenn du es häßlich findest und dich eigentlich für sowas nicht hergeben willst: Sie eignen sich bestens als Tarnung, weil Lehrer und Dozenten sich an ihren Anblick gewöhnt haben.
Besorg dir einen unauffälligen Aufkleber und fertige einen Spickzettel an, der etwas kleiner ist. Überziehe den Spickzettel mit Folie und klebe ihn auf deine Schulbank, deine Federtasche oder sonst einen Gegenstand, der auch bei Klausuren erlaubt ist.

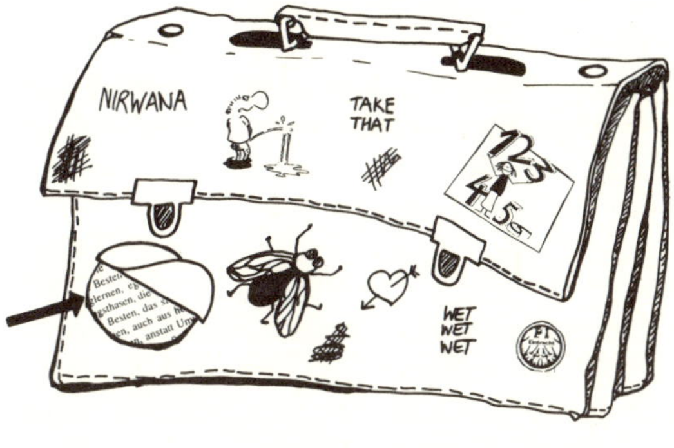

Den Aufkleber mußt du künstlich altern, denn er soll nur noch wenig Klebekraft besitzen, wenn du ihn auf deinen Mogelzettel »klebst«. Wenn du nicht mehr weiter weißt, hebst du den Aufkleber an und liest deinen Mogelzettel ab.

Beschriftete Handflächen

Im Notfall kannst du dir die wichtigsten Facts mit Kuli oder Filzer in die Handinnenflächen schreiben. Aber viel Text paßt nicht drauf, außerdem ist es auffällig und birgt die Gefahr, daß Prüfungsangst nicht nur das Gedächtnis löscht, sondern über den Umweg des Angstschweißes auch die lebensrettenden Inschriften.
Nimm dir vor, beim nächsten Mal etwas eher über das Schummeln nachzudenken.

Präparierte Armbanduhren und Armbänder

- Unterseite der Uhr: Beklebe die Unterseite deiner Uhr mit Schummelmaterial in Miniaturschrift. Damit du diesen netten kleinen Spickzettel bequem ablesen kannst, brauchst du ein hochelastisches Armband. Jetzt kannst du die Uhr schnell und unauffällig vom Armgelenk abziehen, kurz drunterspicken, und schon sitzt alles wieder unauffällig an seinem Platz.

- Breites Armband: Besorge dir eine modisch überdimensionierte Uhr mit möglichst breitem Armband. Fast genauso breit kannst du nun dein Armgelenk mit beschnittenen und beschriebenen Etiketten bekleben.
  Einen ähnlichen, aber noch schöneren Effekt erzielst du, wenn du dir angewöhnst, aus medizinischen Gründen ein Lederarmband gegen das Auftreten von Überbein, Tennisarm oder Sehnenscheidenentzündung zu tragen. Statt eines Armbands kannst du auch ein Schweißband benutzen, wie es sich Tennisspieler ums Gelenk schlingen.
- Metallschilder: Manche Uhren besitzen am Armband ein kleines Depot mit Monatsblättern aus Metall – die kann man, nachdem man sie umgedreht hat, wunderbar beschriften (ritzen) oder bekleben.

• Die ausgewaidete Uhr: Entferne alle Innereien und das Uhrenglas. An ihrer Stelle möchtest du nämlich ein rundes »Schummelheft« am Armgelenk tragen. So stellst du es her: Du besorgst dir ein dünnes, aber stabiles Papier und schneidest ein paar kreisförmige Zettel in exakt der Größe des Ziffernblattes aus. Du faltest diese Zettel sorgfältig in der Mitte und nähst sie dort mit einem dünnen Faden zusammen. Damit dein kreisförmiges Schummelheft elastisch wird, blätterst du es etliche Male vor und zurück.
Zum Schluß klebst du ein falsches Zifferblatt (dunkel oder Swatch-bunt) als Deckblatt auf das »Heft« und klebst das Ganze anstelle der Mechanik in den Hohlraum der Uhr.

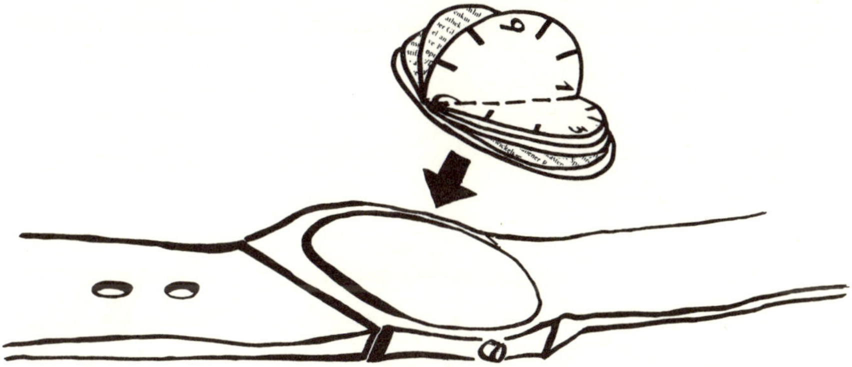

Eßbare Mogeleien

• Notizen auf Eßpapier: Beweismittel, die man essen kann, beruhigen die Nerven. Kleine Spickzettel auf normalem, dünnem Papier verschwinden schnell im Mund und werden verschluckt. Einspeicheln nicht vergessen!
• Besser sind Mogelnotizen, die du gleich auf Eßpapier geschrieben hast. Das leckere Schummelmaterial bekommst du in Süßwarengeschäften, im Bäckereibedarfshandel und in der Kirche (Hostien). Lege dir um die Weihnachtszeit einen Jahresvorrat an Oblaten an.
• Notizen auf Lebensmitteln: Beschrifte Äpfel mit wasserlöslichem Filzer. Achtung: verwischt leicht. Auch die Käsescheibe deines Butterbrotes kann solche Informationen tragen. Ritze Formeln in jungfräuliche Schokolade.

- Speisen und Getränke als Kuriere: Bei sehr langen Klausuren darf man während der Arbeit in Maßen essen und trinken. Teilst du gern deine leckeren Mahlzeiten mit anderen? Wenn du die Coladose und die Butterstulle rüberreichst, kannst du sie vorher mit einem informativen Abschreibvorschlag beklebt haben (unauffälliges Papier, Pritt-Klebestift).

Kaugummis

Wie sagte doch der alte Wrigley so richtig: »Pro Streifen eine Formel«. Du beschreibst die Innenseite des Silberpapiers oder, besser noch, den leckeren Kaustreifen selbst.
Vom Auswickeln bis zum Zerkauen sollte möglichst viel Zeit verstreichen: Da fällt der Streifen, kaum zwischen den Lippen, angefeuchtet auf den Boden, und schon brauchst du Minuten, um die Fusseln von dem informativen Atemerfrischer abzuklauben.
Erklärung für deinen ungewöhnlichen Massenkonsum: »Erstens bin ich tierisch nervös, zweitens gewöhne ich mir gerade das Rauchen ab.«

Zettel im Kaugummi

Seit Generationen schmücken Schüler und Studenten die Unterseiten ihrer Tischplatten mit geschmacklos gekauten Kaugummis. Keine noch so mißtrauische Aufsicht kommt auf den Gedanken, daß du in der Mitte des Klumpens einen ganz schmalen, aufgerollten Mogelzettel untergebracht hast.

Medikamente

Du bist also krank – das hatte sich in den letzten Tagen durch konsequentes Simulieren unübersehbar angekündigt. Aber du bist trotzdem zur Klausur erschienen. Wacker! Leider mußt du während der Prüfung Medizin schlucken. Zur Sicherheit hast du ein entsprechendes Attest dabei.
Die Pillen und ihre Verpackung sind natürlich gnadenlos präpariert: Jede Kapsel enthält als Wirkstoff eine Formel – nämlich die, die gerade geprüft wird. Die Schachtel informiert über weit mehr als nur Risiken und Nebenwirkungen. Unter dem Etikett der Mogelpackung befindet sich ein Mogelzettel.

Tabak und Zigaretten

- Selbstdreher: Darf bei euch in Prüfungen geraucht werden? Wenn ja, dann solltest du sofort zum Selbstdreher werden. 4–5 Packungen Blättchen müssen her. Die Papierchen kannst du auf der Innenseite mit Druckbleistift (0,25 mm, Härte B) beschriften, in deinen Tabakbeutel legen und beim Drehen lesen.
- Zigarettenpausen: Sind wenigstens die erlaubt? Dann gibst du dich ungeheuer süchtig und kontrollierst vor dem oder beim Schädigen der Lunge die präparierten Blättchen, Tabaksbeutel oder Zigarettenschachteln. Sehr günstig auf die Gesundheit wirken sich auch Spickzettel aus, die du zusammenrollst und in eine von Tabak geleerte Marlboro-Hülse steckst (mit Tabak deckeln!). Nein, nicht rauchen!

Tarnende Schuhe

- Unter der Schuhsohle: Zeichne den Umriß deines Schuhs auf einen dünnen Karton. Beim Ausschneiden dieser Form nimmst du rundherum überall mindestens 1 cm weg. Du bekommst so eine Art »Einlegesohle«.
  Du solltest die Pappe etwas schräg vollschreiben bzw. vollkopieren – dann kannst du die Mogeltexte beim lässigen Hinfläzen mit übergeschlagenen Beinen besser lesen.

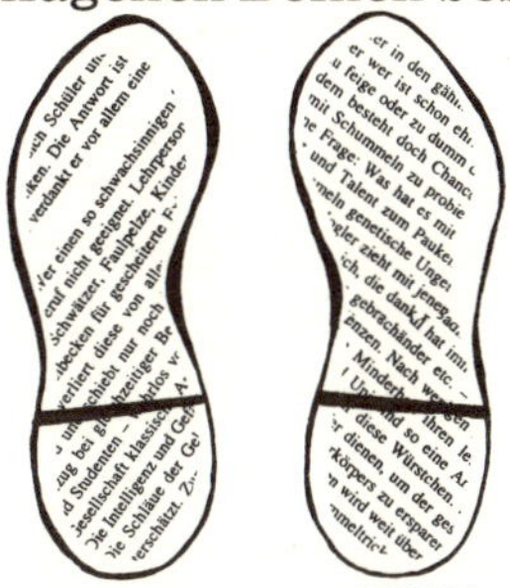

Dein Karton kann nun ganz unauffällig mit reichlich doppelseitigem Klebeband unter deine Schuhsohle geklebt werden.

Klebeband über den Rand der Pappe stehen lassen und nachträglich mit Papiermesser abschneiden – nur dann löst sich die Pappe nicht von der Sohle.

- Die »Einlegesohle« auf dem Fußboden: Wieder wählst du einen dünnen Karton – am besten in der Farbe des Fußbodenbelages – und schneidest einen Spickzettel in der Form einer zu kleinen »Einlegesohle« zu.
  Deine Pappe soll auf dem Fußboden liegen und bei Gefahr mit dem Schuh abgedeckt werden. Die Oberseite des Spickzettels beschriftest du mit einer ausreichend großen Schrift. Man will ja nicht alle drei Minuten auf Knien unter der Bank herumrutschen müssen.
  Deine Schuhsohlen sind natürlich auch präpariert: Du hast sie ausreichend mit doppelseitigem Klebeband beklebt. Kommandiert die Aufsicht dich nach vorn, kannst du einfach auf deinen Spickzettel treten. Er haftet dann unter deiner Schuhsohle.
  Kurz darauf, wieder auf deinem Platz, freust du dich über deine weise Voraussicht: Der Spickzettel klebt zwar unter deinem Schuh, aber glücklicherweise hattest du beide Seiten des Kartons beschriftet und schummelst nun munter weiter.
  Dieser Trick erfordert ein paar Testläufe. Nimm dir die Zeit zum Rumprobieren, dann findest du bald heraus, wie groß deine »Einlegesohle« höchstens sein darf, wenn sich der Trick 100% sicher abspulen soll.

Jeans-Flicken

Flicken und Aufnäher müssen nicht unbedingt rundum aufgenäht sein. Warum nicht mal mit kleinen Druckknöpfen (oder

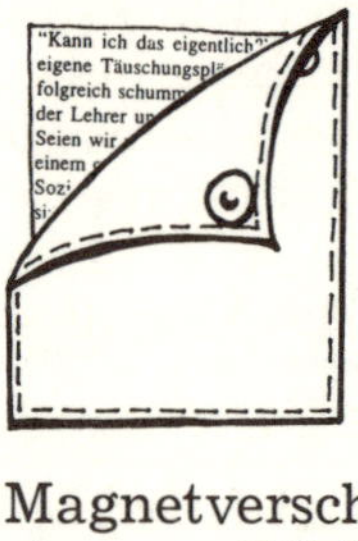

einem selbstgebastelten Magnetverschluß) befestigen? Auf der Innenseite des »aufklappbaren« Flickens hast du deine Kartons voller Fachwissen festgeklebt.

Spickzettel aus Stoff

Viele Kopierläden bieten an, Fotokopien auf T-Shirts aufzubügeln. Muß es unbedingt ein T-Shirt sein? Besorge dir einen ganz feinen, äußerst dicht gewebten Baumwollstoff – je feiner der Stoff, desto kleiner kann die Schrift sein, die du aufkopieren läßt. Ein Spick-«Zettel« aus Stoff hat den Vorteil, daß er nicht raschelt oder knistert. Er eignet sich besonders für Verstecke in der Kleidung (Futter etc.), am Körper und als informatives Stofftaschentuch (buntes, unruhiges Geschenkpapier wird mit kleinen Textschnipseln beklebt und als Kopiervorlage verwendet).

Verstecke an der Kleidung

Nackt fällt das Schummeln besonders schwer, weil da Verstecke so begrenzt sind. Außerdem wird man dauernd angestarrt.
Leibesvisitationen sind selten. Daher sind Spickzettel am besten am Körper aufgehoben. Präparierte Tische oder Bücher hingegen werden eher mal genau unter die Lupe genommen.
Je mehr Kleidung du trägst, desto leichter wird es dir fallen, Spickzettel jeder Bauart am Körper zu verbergen.
Es fällt auf, wenn ein Mädchen wochenlang in T-Shirt und Mini erscheint, nur am Tag der Klassenarbeit schaut die Nase gerade noch aus einem Textilberg heraus: Mantel, Schal, Handschuhe, Bluse, Weste, Jacke – alles gleichzeitig – weckt einen gewissen Argwohn beim Lehrkörper – speziell im Sommer.
Also: Die mit Schüttelfrost verbundene Erkältung sollte schon drei Tage vor der Prüfung diese erstaunliche Einmummelei begründen.
Steife Kleidung bietet sich besonders dazu an, von dir präpariert zu werden. Im Ärmel einer Lederjacke kannst du problemloser deine Zaubertricks abziehen als in hauchdünnen Ärmelchen aus Seide.

Die Schublade im Ärmel

Der Spickzettel besteht in diesem Fall aus einem stabilen Karton von höchstens 15 cm Länge. Er steckt unsichtbar im Ärmel einer möglichst steifen Jacke (Lederjacke). Je weiter der Ärmel, desto günstiger die Schummel-Bedingungen.
Der Schummel-Karton wird zwischen Handgelenk und Ellenbeuge bzw. Ellenbogen in Position gehalten – dazu ist ein sehr elastisches Gummiband am Oberarm befestigt. Weil der für den Rückzug verantwortliche Gummi so lang ist, kann er einen gleichmäßigen, moderaten Zug ausüben.
Bei Bedarf ziehst du den Mogelkarton aus dem Ärmel: draufschauen, Aha-Erlebnis, zurückflutschen lassen. Um jedes Verkanten und Hängenbleiben zu verhindern, solltest du den Karton tropfenförmig zuschneiden.
Tip zur Beschriftung: Das Wichtigste solltest du natürlich am unteren Rand notieren. Am weitesten oben stehen die Sachen, die wahrscheinlich gar nicht gefragt werden.

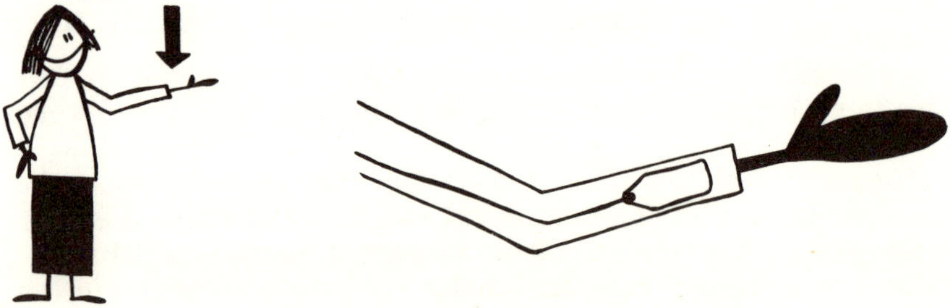

Der informative Rock

- Schummelmaterial kann eine Frau auf dem gesamten Oberschenkel unterbringen. In einem unbeobachteten Augenblick schlägst du den Rock hoch und hast freie Sicht.
  Vorher checken: 1. Wie groß muß die Schrift mindestens sein, damit du sie ohne Streß lesen kannst? 2. Wieviel kann der Lehrer oder Prüfer sehen, wenn er an dieser oder jener Stelle des Prüfungsraums steht oder sitzt?
  Droht Gefahr, schlägst du den Rock wieder herunter. Das geht schnell und einfach.

Aus falsch verstandener Scham drehen manche Frauen den Rock nach innen ein, anstatt ihn hochzuschlagen. Muß aber beim Herannahen der Aufsicht plötzlich wieder der harmlose Originalzustand hergestellt werden, geht ein auffälliges Gefummel los.

- Das Knisterproblem: Beim Aufstehen, Räkeln oder Beineüberschlagen darf es nicht rascheln. Regel: Je kleiner der einzelne Schummelzettel, desto leiser der Soundtrack zum Täuschungsversuch.
  Ideallösung: Besorge dir einen sehr feinen, extrem dicht gewebten Baumwollstoff. In manchen Copyshops kannst du deinen Spickzettel auf dieses ideale Trägermaterial aufbügeln lassen.
- Mogelzettel am Rockfutter: Prinzipiell gute Idee, aber das Knisterproblem ist besonders groß. Befestigung durch doppelseitiges Klebeband. Wenn du dein Material auf Stoff kopiert hast, kannst du es mit Sicherheitsnadeln oder noch besser mit ein paar Nadelstichen ideal befestigen.
- Selbsthaltende Strümpfe, Strumpfbänder oder Strapse helfen beim Befestigen von Mogelzetteln nur bedingt. Besser bewähren sich doppelseitiges Klebeband (flächig auf Strumpfhosen oder punktuell auf nackter Haut).

Die Geheimnisse der kurzen (Leder-)Hosen

Ändere deine Einstellung zu kurzen Hosen. Sie mögen ja albern aussehen, aber sie sind äußerst hilfreich, wenn es unmenschliche Klausuren zu überleben gilt.
Die klassische bayerische Seppelhose bringt wesentlich mehr Vorteile als schnöde Bermuda-Shorts und kann auch jenseits

der wenigen echten Sommertage in unseren Breiten ohne Verlust der Glaubwürdigkeit getragen werden.

- Beklebte Oberschenkel: Die lebenswichtigen Fakten stehen wieder mal auf Klebeetiketten (oder wurden auf Stoffetzen aufgebügelt). Um diese Spickzettel abzulesen, mußt du nur die Beine überschlagen oder dein Hosenbein verschieben bzw. umklappen.
- Umschlagfalte (»Schlag«): In diese natürliche Tasche kannst du beidseitig beschriebene Spickzettel aus dünnem Karton stecken oder einseitig beschriebene einkleben. Weniger elegant: das Leder kannst du von innen mit Kuli beschreiben, um die Sauerei dann, nach bestandener Klausur, mit einem speziellen Fleckentferner zu entfernen.
- Hosenlatz (nur bayerische Lederhose): Das Fassungsvermögen des Hosenlatzes versöhnt auch den eingeschworenen Bayern-Hasser mit der Landestracht. Du kannst den Hosenlatz von innen mit Spickzetteln vollkleben. Schnell ist er geöffnet, denn es halten ihn nur zwei Knöpfe. Wesentlich langwieriger und auffälliger wird es, wenn du deinen Hosenstall voll in Panik verschließen sollst.

Daher nun die definitive Lösung: Nähe zwei Knöpfe in die Knopflöcher des Latzes, so daß er immer verschlossen aussieht. Um den Latz tatsächlich an der Hose zu halten, montierst du einen Magnetverschluß auf seine Innenseite (und seinen Widerpart aus Blech an die entsprechende Stelle der Hose oder Unterhose oder an einem unter der Hose getragenen Gürtel um die Lenden).

Weniger Aufwand erfordert eine Lösung aus leichtgängigen Druckknöpfen, die aber den Nachteil haben, daß man in der Eile nicht immer die zusammengehörigen Teile exakt richtig aufeinanderdirigieren kann.

- Brustplatte: Zwischen den Hosenträgern ziert der röhrende Hirsch die Brust des Bayern. Die Rückseite des edlen Tieres kannst du bekleben. Irgendwie ist das hübsche Relief an der Lederbrücke zwischen den Hosenträgern befestigt, meist läßt sie sich drehen – und bei der Gelegenheit kann man ein extrem sicheres Versteck einsehen.
- Der unheimlich offene Hosenschlitz: Auflassen. Deinen Spickzettel kannst du bei Gefahr hervorragend in diesem Versteck verschwinden lassen. (Siehe dazu auch den Trick mit der »Schublade im Ärmel«.)

Unter dem Pflaster

Jeder Mensch verletzt sich ab und zu. Solange Wunde und Wundverband keine ungewöhnlichen Dimensionen annehmen, erregst du kaum Aufmerksamkeit. Also: zwei Tage vor der Arbeit beklebst du eine Stelle an Arm, Hand, Knie oder sonstwo mit Pflaster. Am Tag der Klausur löst du das Pflaster und beklebst die Hautstelle darunter mit einem Spickzettel (maßgeschneiderter Adreßaufkleber). Dann kommt das ausgeleierte und schon etwas schmuddelige Pflaster wieder drüber.
Um das Haare-Ziepen beim Abreißen von Aufklebern oder Pflaster zu mildern, kannst du deine Haut vor Beginn der gesamten Aktion etwas einfetten oder rasieren.

Der selbstgemachte Gipsverband

- Ein angebrochener Arm braucht 10 Tage Ruhe in Gips, ein gebrochener sogar 20 und mehr. Sehr praktisch, denn die eingegipste Schreibhand darf die ganze Zeit über nicht schreiben, sondern liegt faul in der Armbinde.
  Gipsbinden kannst du in jeder Apotheke kaufen. Auch das Eingipsen ist schnell erledigt: Arm dick mit Melkfett einfetten, sonst macht deine Haut nach zwei Tagen Probleme. Als nächstes schneidest du eine Textilbinde in kleine Streifen, feuchtest sie an und legst sie locker um den Arm. Jetzt kannst du Schicht für Schicht Gips und dann wieder eine

Binde auftragen. Die Gipsschichten trocknen noch schneller, wenn du mit dem Fön nachhilfst.
Der schwierigste Teil kommt erst: Du brauchst eine gute Story. Und die muß 100% glaubwürdig vorgetragen werden.

- Der Gips als Versteck: Warum immer den Arm eingipsen, mit dem man normalerweise schreibt? Der Gips an der untätigen Hand bietet reichlich Anlaß zu mitleidig zugedrückten Augen und obendrein ein erstklassiges Versteck für alle Art von Arbeitshilfen.
  Wenn du deinen »unwichtigen« Arm verarztest, gipst du eine Kerze mit ein, die du nach dem Härten des Verbandes entfernst. In diesem Hohlraum installierst du deine Spickzettel – am besten nach der Schubladen-Methode (mit Gummizug).
- Stretchverband: Wenn dir Gips zu aufwendig ist, kannst du auf einen Stretchverband ausweichen, wie man ihn wegen Verstauchung, Sehnenscheidenentzündung etc. trägt. Du mußt aber damit rechnen, daß man ein Attest verlangt, in dem der Arzt deine Schreibunfähigkeit bestätigt.

Unsichtbare Schrift

- Löschbare Schrift: Mit wasserlöslichem Filzstift kannst du auf alle glatten Oberflächen schreiben. Besonders unsichtbar ist schwarzer Stift auf schwarzem Untergrund (Taschenrechnergehäuse, schwarzer Bucheinband etc.), aber auch andere Ton-in-Ton-Beschriftungen.
  Das Belastungsmaterial läßt sich leicht auswischen. Wenn du ein Profi bist, simulierst du Schnupfen und legst ein unappetitlich eingefeuchtetes Taschentuch (Stoff besser als Tempo, am besten in der Farbe des verwendeten Filzstiftes) in die Nähe der verbotenen Gedächtnisstütze. Wenn es nicht anders geht, drückst du das nasse Taschentuch auf deine wasserlösliche Schrift und löschst sie mit einer beherzten Drehung plus Wischeffekt.
  Beschriften kannst du: Alufolie, Frischhaltefolie, glatte Bucheinbände, Lineale, Plastikkulis, Obst, Getränkeverpackungen, Geldstücke, das Glas der Armbanduhr etc.
- Unsichtbar durch matte Folien: Transparente Folien mit möglichst matter Oberfläche kannst du hinlegen, wo du willst: man sieht sie nicht unwillkürlich. Wenn du sie dann

noch mit einer Farbe beschriftest, die der des Untergrunds gleicht, ist die Tarnung perfekt.
Ein Copyshop mit Farbkopierer verwandelt deine schwarzweiße Vorlage in jeden gewünschten Tarn-Farbton und kopiert dir die Geschichte auf Folie. Etwas teuer, aber geil!

Geheimtinten

- Zuerst brauchst du einen fabrikneuen und damit völlig sauberen Füller. Die Geheimtinte ziehst du in den Füller auf. Falls dein Schreiber mit Patronen arbeitet, wäschst du sie äußerst sorgfältig aus und füllst dann die Geheimtinte mit Spritze und Nadel (Apotheke) auf.
- Durchs Bügeleisen sichtbar machen: Als primitive Geheimtinte kannst du Zitronensaft oder Milch verwenden. Leider wird diese Geheimtinte erst sichtbar, wenn man das beschriebene Blatt Papier mit einem sehr heißen Bügeleisen bearbeitet. Während der Klausur dürfte es schwerfallen, einen plausiblen Grund für die Verwendung eines solchen Haushaltsgerätes zu finden. Also beschränkt sich die Anwendung dieser Geheimtinten auf Notizen, die du unsichtbar nach draußen schmuggeln willst. Dein Helfer hat alle Bügelfreiheiten der Welt.
- Wärmeempfindliche Geheimtinte: Träumst du schon immer von seitenlangen Schummeltexten, die du bei Bedarf sichtbar und bei Gefahr sofort wieder unsichtbar machen kannst? Die folgende Rezeptur kannst du dir problemlos zusammenrühren. Die Schrift dieser Geheimtinte wird durch Handauflegen sichtbar. Da wird selbst Jesus neidisch, bei dem Handauflegen nur Krankheiten heilte.

Die Wunder-Chemikalie: das leuchtend blaue Cobalt-(II)-Chlorid (Chemische Formel: CoCl(2)6H2O) ist der Stoff, der deine Versetzung rettet oder dir zu lebenswichtigen Scheinen verhilft. Du bekommst Cobalt-(II)-Chlorid über Apotheken oder Drogerien, die mit harmlosen Chemikalien für Hobbychemiker handeln. Die Substanz wird u.a. für Zaubertricks und den experimentellen Nachweis unterschiedlicher Luftfeuchtigkeiten eingesetzt. Im Chemikalienschrank der Schule/Uni läßt sich Cobalt-(II)-Chlorid natürlich auch »besorgen«.
Herstellung der Tinte: Fülle ein Reagenzglas zwei Finger hoch mit Wasser auf und gib eine kleine Prise Cobalt-(II)-Chlorid zu

(dieselbe Menge, mit der du ein Ei salzen würdest). Nach einigem Schütteln erhältst du eine schwachrosa Lösung. Wenn du mit ihr auf Papier schreibst, sieht man keine Färbung.
Schreiben: Wenn du deine Geheimnotizen später leicht lesen willst, mußt du mit kräftiger, fetter Schrift schreiben. Du brauchst einen absolut sauberen (am besten neuen) Rapidograph (ab 0,8 mm) oder einen Füller mit entsprechend breiter Feder.
Ganz wichtig: die Geheimtinte muß problemlos und satt fließen – und zwar ohne besonderes Aufdrücken.
Sichtbar machen – verschwinden lassen: Du legst deine trockene, warme Hand auf den getrockneten Text, und schon erscheint eine blaue Schrift. Die Buchstaben verschwinden ebenso schnell, wenn du sie aus der Tiefe deiner Bronchien anhauchst, als wolltest du eine Scheibe beschlagen machen. Pusten reicht nicht.
Wie dick soll die Geheimtinte sein? Wenn du nach dem Trocknen rosa Schriftspuren auf dem Papier erkennen kannst, solltest du die Tinte weiter verdünnen.
Passiert nach dem Auflegen der Hand trotz ausreichender Strichstärke der Schrift nichts oder nur wenig, solltest du der Tinte mehr Cobaltchlorid beigeben.
Funktionsweise: Trockenes Cobaltchlorid CoCl(2) ist blau. Sobald man es mit Wasser (H_2O) zusammenbringt, verbindet es sich mit ihm zu CoCl(2)6H_2O – und zwar in der Form eines blaßrosa Kristalls. Trocknet die Tinte, bleibt auf dem Papier eine Spur eben dieser mikroskopisch kleinen Kristalle zurück – mit dem bloßen Augen nicht zu erkennen. Was bewirkt nun die Wärme deiner Hand? Sie bringt den Wasseranteil (6H_2O) des Kristalls zum Verdunsten. Zurück bleibt das blaue Cobaltchlorid. Wenn du die blaue Schrift dann mit deinem feuchten Atem anhauchst, reagiert das Wasser in deinem Atem sofort mit dem Cobaltchlorid – es bilden sich wieder die »unsichtbaren« blaßrosa Kristalle.
Notbremse: Bleibt dir keine Zeit zum Anhauchen, kannst du mit einem feuchtem Finger über den Spickzettel streichen oder eine Dose Mineralwasser umschütten.
Feuchte und kalte Hände: Neigst du zu Angstschweiß? Dann vergiß Kobaltchlorid. Kalte Hände kannst du mit einem »Taschenofen« (Jagdgeschäft, Geschenkartikelladen) auf die nötige Betriebstemperatur bringen. Diese praktische Erfindung

ist kleiner als ein Zigarettenetui und wärmt, weil im Innern ein kleines »Brikett« verglüht.

Der Um-die-Ecke-Doppelspiegel

Mit dieser Vorrichtung in der hohlen Hand kannst du optimal beim Nachbarn abschreiben. Du brauchst zwei kleine rechteckige Spiegel etwa im Format 5 x 6 cm (halbiere mit einem Glasschneider einen Schminkspiegel). Die beiden Spiegel mußt du im Winkel von ca. 80 Grad zueinander fixieren. Schon kann's losgehen.

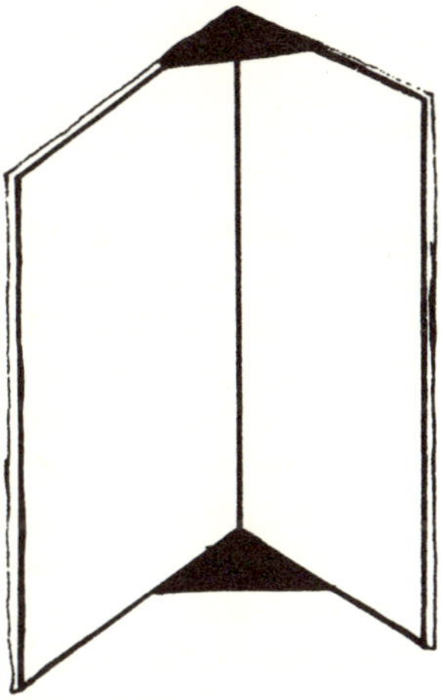

Lesen mit dem Spiegel

Stell dir vor, du hättest einen Spickzettel unter die Tischplatte geklebt und könntest ihn mit einem kleinen Handspiegel lesen. Der Zettel müßte in Spiegelschrift beschrieben sein. Dazu zwei Methoden:

Methode 1: Lege einen Bogen Durchschlagpapier (Kohlepapier) mit der schwarzen Seite nach oben unter ein weißes Blatt Papier. Dann schreibst du mit einem Kuli die rettenden Texte aufs Papier. Fest aufdrücken! Das Kohlepapier überträgt alles auf die Unterseite des Blattes – natürlich in Spiegelschrift.

Methode 2: Im Copyshop auf Folie kopieren, dann diese Folie selbst auf den Kopierer legen – allerdings mit dem »Gesicht nach oben«.

Der tote Winkel an der Wand

Jede Wandtafel hat eine Ablageleiste für die Kreide. Unter dieser Leiste plazierst du deine Formelsammlung. Von einem bestimmten Platz aus kannst du sie einsehen.
Noch eleganter: Du arbeitest mit Formeln in Spiegelschrift. Einen entsprechenden Schummelzettel klebst du unter die Ablageleiste der Tafel und liest ihn über einen kleinen Handspiegel ab.

Mini-Bücher und Schummelliteratur

Jede bessere Buchhandlung führt Bücher, die sich hervorragend zum Schummeln eignen.

- Lilliput-Lexika: Diese Wörterbücher für alle wichtigen Fremdsprachen werden offenbar ganz bewußt für Schummelzwecke hergestellt. Miniformat, Minischrift, extrem dünnes Papier – sie verschwinden problemlos in der hohlen Hand und haben schon Generationen von faulen Schülern gerettet.
- Interpretationen: Wenn du weißt, welches der unsäglichen Dramen oder welcher langweilige Jahrhundertroman in der drohenden Arbeit auseinandergenommen werden sollen, besorgst du dir vorher die Interpretation und montierst aus ihr deine Mogelunterlagen.
- »Königs-Interpretationen«: Im Postkartenformat findest du hier die Interpretationen all jener Stücke, mit der Schüler im Laufe ihrer Karriere gefoltert werden. Vor der Klausur kannst du dir die für dich wichtigen Seiten herausreißen und auf Spickzettelformat herunterkopieren.
- »Kindlers Literaturlexikon«: Auch die überflüssigsten Autoren und Texte werden in diesem Standardwerk besprochen und erklärt. Der Text läuft in schmalen Spalten. Also machst du Fotokopien, schneidest die Spalten aus und klebst sie untereinander, um diesen endlos langen Spickzettel dann wie eine Ziehharmonika zu falten und in der Klausur einzusetzen.

- Schauspielführer: Er sollte dir als Quelle für selbstmontierte Spickzettel dienen, wenn du dich auf eine Arbeit über ein Theaterstück oder eine Oper vorbereiten mußt.
- Übersetzungen: Aus handelsüblichen Übersetzungen darfst du unter keinen Umständen Wort für Wort abschreiben – dein Dozent bzw. Lehrer würde es sofort bemerken. Clevere Schummler bauen den einen oder anderen kleinen Fehler ein. Überprüfe immer, ob deine Übersetzung mit dem Originaltext übereinstimmt. Gern lassen Lehrer absichtlich einen Satz des vollständigen Originaltextes weg. Peinlich, wenn sie dann auch diesen Satz in deiner fehlerfreien Übersetzung finden. Noch häufiger ersetzen Lehrer bestimmte seltene oder schwierige Wörter des ursprünglichen Textes durch leichtere, ihren Schülern bekannte. Peinlich, wenn du den »Corvettenunterfeldwebelhelfer« des vollständigen Originals mit »Corvettenunterfeldwebelhelfer« übersetzt, dein Lehrer ihn in der vorliegenden Aufgabe aber durch »Soldat« ersetzt hatte.
- Hamburger Lesehefte: Diese miniformatigen Übersetzungen verbreiteter Lektüren eignen sich ideal für Mogeleien.
- Reclam-Übersetzungen: Im korrekten Kleinformat bieten diese Bücher auf sehr dünnem Papier die definitiven Übersetzungen zu praktisch allen Texten der Literatur. Achte darauf, daß du die neueste Auflage kaufst, weil sich in ihre Vorgänger evtl. noch Übersetzungsfehler eingeschlichen haben.
- Rowohlt Simultan-Übersetzungen: Auf der linken Seite steht das fremdsprachige Original, rechts die deutsche Übersetzung. Auch von anderen Verlagen gibt es derartig aufgemachte Bücher mit den Texten der verbreiteten Lektüren.
- Lehrerhefte: Zu jedem Schulbuch existiert ein Begleitheft für Lehrer, in dem die Auflösungen von Übungen und Hausaufgaben, aber auch ausgearbeitete Klassenarbeitstexte, Diktatsammlungen und geeignete Übersetzungstexte zusammengestellt sind.

  Unbezahlbar!

  Hartnäckig hält sich das Gerücht, man brauche bloß einen Erwachsenen in einen Buchladen zu schicken, und schon könne man problemlos an den seligmachenden Stoff herankommen. Leider falsch!

  Diese Bücher oder Hefte werden nur an Lehrer verkauft, die

sie direkt beim Verlag oder über eine Buchhandlung bestellen. Man braucht, um seine Berechtigung nachzuweisen, einen Stempel der Schule und eine Unterschrift des Institutes. Außerdem muß der Lehrer seinen Namen und seine Adresse angeben und unterschreiben.

Wer all das nicht fälschen will oder kann, braucht einen Lehrer in der Verwandtschaft oder im Bekanntenkreis (am besten: fremde Stadt), der sich hergibt. Pädagogikstudenten könnten auch Glück haben.

Fällt dir – irgendwo und natürlich rein zufällig – ein Lehrerheft in die Hand, kannst du es im Schnellverfahren fotokopieren.

Ein weiterer Trick, um an geschützte Literatur zu kommen: Über die Stadtbibliothek per »Fernleihe« bestellen. Das kann funktionieren, muß aber nicht. Kommt allerdings die Fernleihanfrage von einer ausländischen Hochschule, entfallen die Restriktionen noch eher. Es lohnt sich, wenn man ausländische Freunde hat.

Einsatz unerlaubter Bücher

Für deine Übersetzung oder Interpretation hast du, wie alle anderen, den englischen Originaltext auf dem Tisch liegen. Allerdings nur scheinbar, denn längst hast du dir ein zweites Exemplar des englischen Buches besorgt, nur um sein Cover abzulösen und es um deine deutsche Übersetzung zu kleben.

Für den Fall, daß die Aufsicht sehr in deine Nähe kommt, solltest du auch ein paar Doppelseiten einmontiert haben, die »erlaubt« aussehen.

Vielleicht reicht es schon, das präparierte Buch nur kurz aus dem Versteck zu holen und den Tisch überwiegend mit seinem erlaubten Zwilling zu schmücken.

Das rettende Klo

Jeder Lehrer kennt die Bedeutung der Toilette für Täuschungsversuche aller Art. Manche machen sich einen Sport daraus, das Klo vor Beginn der Klausur auf versteckte Hilfsmittel zu untersuchen. Mädchenklos werden weniger penibel untersucht, weil man bei den Damen weniger kriminelle Energie vermutet. Wie gut, daß man auch als Mann ausnahmsweise mal ein Damenklo benutzen kann.
Es gibt auf dem Klo einige gute Verstecke für Spickzettel oder Nachschlagewerke, die praktisch nie entdeckt werden:

- Unter dem Waschbecken: Spickzettel werden hier mit kleinen Flecken doppelseitigen Teppichklebebands befestigt.
- Das Innere der Lampenschale aus Milchglas.
- Hinter dem Spiegel.
- Hinter dem Handtrockner, Papierspender oder ähnlichen Geräten.
- Im Behälter der Wasserspülung: Dieses »Versteck« ist besonders verbreitet, bekannt und damit riskant. Zudem hat es den Nachteil, daß der Schummelerfolg gern durch Wasserschäden verhindert wird. Abhilfe: Tage vor der Klausur präparierst du den Wasserbehälter mit einer Konstruktion aus Kaninchendraht, die ein paar Zentimeter aus dem Wasser herausragt. Auf sie legst du dein Material, das du zusätzlich mit einem Beutel schützt.
- Spickzettel im wasserdichten Zylinder: Du kennst diese verschraubbaren Plastikzylinder, die sich Strandurlauber gern um den Hals hängen, damit ihnen nichts geklaut werden kann. So ein Teil besorgst du dir. Dann verstopfst du ein Klo und bringst ein Warnschild an. Ein Bekannter erzählte mir, er habe den Klodeckel mit Paketklebeband an der Schüssel festgeklebt und die Wasserzuleitung abgedreht.
  Unter reichlich nassem Klopapier (mit etwas brauner Farbe lebensecht hergerichtet) schlummert im Nassen der Zylinder. Sehr unappetitlich – daher sicher.

- »Defekt!«-Schild anbringen: Hinweisschild anbringen und zusätzlich die Klotür von außen mit Paketklebeband versiegeln. Noch besser: mit einem entsprechenden Vierkantschlüssel (oder einer Münze bei moderneren Klotüren) von außen zusperren.
- Seife: Zu Hause kannst du dir ein Stück Seife präparieren. Du bohrst ein Loch hinein, füllst es mit deinem Spickzettel (in Frischhaltefolie geschützt) und verschließt es mit Seifenmasse.
- Klebeband: Ein sehr langer, vierfach gefalteter Mogelzettel findet leicht unter einem langen Klebeband Platz. Du klebst Tesa-Krepp z. B. auf die Holzleiste, mit der die Seitenwand deines Klos abschließt. Das Ganze sieht aus wie die Abklebearbeit vor dem Beginn dringend nötiger Malerarbeiten.

Zu Hause vorschreiben

Lehrer und Dozenten lieben das Gefühl der Weite. Am liebsten würden sie bei jeder Arbeit das gesamte Wissen der Menschheit prüfen. Kein Schwierigkeitsgrad ist diesen Bestien zu unmenschlich. Eine Chance hat da nur jener Idealtyp des Schülers bzw. Studenten, den unzählige Generationen von Pädagogen zu züchten versucht haben: der frisierte Zombie mit der Riesen-Festplatte in der Hirnschale.
Als Mensch bleibt dir nur das Schummeln – vor allem das Vorschreiben.
Es ist wirklich ein schönes Gefühl, sämtliche Themen der Klassenarbeit oder Klausur zu Hause in aller Ruhe vorgeschrieben zu haben. Während die anderen schwitzen, holst du die klugen Blätter aus dem Versteck und gibst sie einfach ab.
Der Trick ist beinahe noch älter als die Erfindung der Prüfung.

Klausurbögen beschaffen/fälschen/vorbereiten

Um das Vorschreiben zu verhindern, werden vor Beginn der Arbeit Klausurbögen ausgeteilt. Diese karierten oder linierten A4-Doppelbögen sind »fälschungssicher« gekennzeichnet: die linke obere Ecke der Vorderseite ziert ein Stempel mit der Aufschrift »Klausur Nr., Fach, Semester« oder ähnliches. Am Ende der Arbeit werden nicht benutzte Bögen eingesammelt.

- Beschaffung gestempelter Bögen: Bei der Klausur verlangst du immer wieder mal einen neuen Bogen – den du allerdings nicht benutzt, sondern sammelst. Wird streng auf die korrekte Zahl der Bögen geachtet, mußt du dir Blanko-Bögen besorgen, denen du mit einem Farbkopierer den so wichtigen Stempelaufdruck verpaßt. Immer die gefälschten Bögen zurückgeben, am liebsten mit einem Tintenfleck oder sonstwie versaut – dann werden sie gleich weggeschmissen.
  Wer die Nerven für derartige Tricks nicht besitzt, kauft Originalbögen aus dem Vorrat hortender Mitschüler oder Kommilitonen.
- Beschaffung der Blanko-Klausurbögen: Zuerst brauchst du (ungestempelte) Klausurbögen von exakt der gleichen Bauart wie die bei euch verwendeten. Du kannst sie im Schreibwarengeschäft kaufen oder bestellen – am besten in der Nachbarstadt oder durch einen Kumpel. Den Hersteller kriegst du raus, wenn du im Sekretariat einen Blick auf den Karton wirfst, der den Schatz enthält. Wer liefert das Material an? Das ist der Großhändler deines Vertrauens.
  Ein kleiner Tip: Achte auf Wasserzeichen!
- Stempel fälschen: Laß dir einen Stempel mit dem gewünschten Aufdruck schneiden. Dazu brauchst du eine erstklassige Vorlage (die sogenannte Reinzeichnung), die du mit erstaunlich geringen Mittel anfertigen kannst:
  Vergrößere den Stempelabdruck mit einem Kopierer so lange, bis er fast eine ganze A4-Kopie ausfüllt. Nun mußt du mit einem schwarzem Stift alle Konturen nachziehen und glätten. Überflüssige Bildpunkte, Unreinheiten oder auf dem Original vorhandene Beschriftungen werden mit Tipp-Ex wegretuschiert.
  Eine saubere Kopie dieses Kunstwerkes dient dem Stempelmacher als Vorlage.
  Schreibwarengeschäfte oder Schlüsseldienste übernehmen solche Aufträge – gelegentlich mit einem verschwörerischen Schmunzeln.
- Stempeln üben: Es dauert einige Zeit, bis man einen glaubwürdigen Stempelabdruck hinbekommt. Stempeldruck und die Beschaffenheit der Farbe haben einen wesentlichen Einfluß.
  Wenn an deiner Schule oder Hochschule nur einmal im Jahr gestempelt wird, setzen die Bögen eine gewisse Patina an.

Damit frische Bögen nicht auffallen, solltest du sie einige Stunden oder sogar Tage in die Sonne legen, um die Stempelfarbe entsprechend zu trocknen und das Papier künstlich zu altern.

- Die Lochtechnik – gezinktes Papier: Wie kann sich eine geknechtete Person dem Terrorregime unlösbarer Aufgaben entziehen, wenn ein Lehrer oder Dozent seine Klausurbögen vor dem Austeilen durch 1–2 Löcher in einer Ecke markiert hat?

Ganz einfach: Du mußt deine vorgeschriebenen Bögen selbst lochen bzw. von deinem Komplizen draußen lochen lassen.

Selbst lochen: Zuerst mußt du den Durchmesser der Löcher vermessen. Mit einer Schieblehre geht das am genauesten, aber ein Geodreieck tut es auch. Meist wird derselbe Lehrer bzw. Dozent immer den gleichen Locher verwenden.

Als nächstes brauchst du einen passenden Locher. Eine Tour durch Schreibwarengeschäfte und Kaufhäuser löst dieses Problem.

Den geeigneten Locher schneidest du mit einer Eisensäge in zwei handliche Teile – es sei denn, du kannst einen kleinen »Taschenlocher« kaufen, der ohnehin nur ein Loch locht.

Dann mußt du die richtige Stelle auf dem ungelochten Blatt vorsichtig anzeichnen: Lege den jungfräulichen Bogen über den gelochten. Mit einem dünnen Bleistift markierst du am Rand ganz dünn die Mitte des Loches. Jetzt mußt du nur noch vermessen und markieren, wie weit das Loch vom Rand entfernt zu sein hat, dann geht's ans eigentliche Lochen.

Auch diese Prozedur solltest du zu Hause mit einem Stapel Papier üben.

Der Komplize locht: Damit er draußen exakt arbeiten kann, mußt du ihm den exakten Lochdurchmesser und die Koordinaten der Löcher rausschmuggeln: »∅ 6 mm, 1. Loch oben rechts 12 mm nach links, 8 mm nach unten; 2. Loch –« etc. Hoffentlich hat dein Kumpel eine vollständige Lochersammlung zur Hand.

Die Technik des Vorschreibens

- Schriftbild: Sauklaue – wie im wirklichen Leben! Den verwendeten Kugelschreiber mußt du wie deinen Augapfel hüten und auch bei der Klausur verwenden! Im Text immer wieder mal falsche Formulierungen ausstreichen, und dann neu ansetzen. Sehr glaubwürdig wirkt ein ausgestrichener und neu formulierter Absatz.

- Welchen Stoff vorschreiben? – Bei den meisten Klausuren weiß man schon vorher ganz genau, was unter Garantie gefragt werden wird. Besonders der Teil des Gebietes, der schwachsinniges Auswendiglernen erfordern würde, sollte vorgeschrieben werden.
- Gliederung und Raumaufteilung: Welche Aufgaben genau in der Klausur gestellt werden, weißt du vorher nicht. Daher solltest du beim Vorschreiben vor jedem Einzelthema ein bis vier Zeilen für ein paar einleitende Worte lassen. Dort steht dann z. B.: »Zu Frage 14« oder »Wenn man die Frage nach den Wurzeln der Weimarer Republik beantworten soll, muß man etwas weiter ausholen:« – und dann kommt der vorbereitete Text über die Reichsgründung 1871.
  Überschüssige Leerzeilen kannst du vollbekommen, indem du eine schlechte Version des vorgeschriebenen Textes hineinschreibst, abbrichst und dann durchstreichst. Der vorgeschriebene Text wirkt dann wie ein neuer Ansatz.
- Antworten auf nicht gestellte Fragen: Durch eine geschickt formulierte Einleitung kannst du »überflüssiges Material«, nach dem in der Klausur gar nicht gefragt wurde, als besonders komplexe Antwort ausgeben und damit Sonderpunkte einheimsen: »Will man die Wurzeln der Weimarer Republik verstehen, muß man die Umstände der Reichsgründung betrachten« etc.
- Wie man die Seiten füllt: Ein Thema sollte möglichst alle vier Seiten des Prüfungsbogens füllen. Gibt das Thema nicht genug her, kannst du es mit Schwafeln und großer Schrift aufpumpen. Kommen dann noch große Wortabstände, viele Einrückungen und ein besonders breiter Außenrand (für Korrekturen) hinzu, ist der Bogen schnell voll.
  Seltener ist der umgekehrte Fall, daß nämlich eine große Stoffmenge auf einen vierseitigen Bogen gequetscht werden muß. Entsprechend die Taktik hier: enge, kleine Schrift, wenig Rand. Doch auch hier solltest du unbedingt ausreichende Leerflächen zwischen den Einzelthemen einbauen. In diese Lücken schreibst du während der Klausur dein auf die tatsächliche Aufgabenstellung maßgeschneidertes Blabla.
- Verstecke für die vorgeschriebenen Bögen: Könner ver-

stecken vier bis fünf Bögen in Tasche oder Mantel. Jeder Bogen ist mit einer bunten Büroklammer gekennzeichnet, damit du gleich weißt, welches Thema wo steht.
Die Ärmel einer über die Stuhllehne gehängten Jacke sind ein gutes Versteck. Ein Bogen je Ärmel läßt sich unterbringen. Du mußt den Bogen schräg einrollen wie eine Schultüte und dann vorsichtig den Ärmel hochschieben. Gerollte Bögen werden durch Ziehen über die Tischkante gerade gemacht.
Mit einer Stecknadel kannst du einen vorgeschriebenen Bogen am Innenfutter deiner Kleidung festheften. Du mußt dich dann sehr vorsichtig bewegen, damit das Papier nicht raschelt.

- Wann holst du die präparierten Bögen heraus? – Geduld – auch wenn es schwerfällt. Frühestens nach der Hälfte der Klausur kommt das Zauberkunststück. Vorher würde die Textmenge auf deinem Tisch auffällig wirken.

Vorschreiben für Schüler

- Ungestempelte A4-Doppelbogen: Wenn bei euch für Klassenarbeiten dieses Material verteilt wird, hast du schon halb gewonnen, denn die Bögen kannst du (s.o.) leicht beschaffen.
- Vorgedrucktes Blockpapier: Finde den Lieferanten (oft Kopierladen) heraus und kaufe einen größeren Posten. Wenn du gefragt wirst, kannst du es mit einer rührseligen Geschichte versuchen: warum du unverschuldet chancenlos bei der Klassenarbeit wärest, wenn denn nicht ein wenig nachgeholfen würde. Auch trockene Offenheit beeindruckt manchen Papierverkäufer. Du mußt allerdings anklingen lassen, daß du schweigen wirst wie ein Grab.
  Kannst du keinen fertigen Block kaufen, stellst du selbst einen her. Du nimmst ein Original des bedruckten Blockpapiers und kopierst es im Kopierladen auf einen entsprechenden Papiertyp. Achte auf das Wasserzeichen!
  Wenn nötig, kann man einem entsprechenden Stapel Kopien eine Leimkante verpassen lassen, wie sie typisch für Abreißblöcke ist.
- Klassenarbeitshefte: Am besten eignen sich Hefte fürs Vorschreiben, die aus ca. 15 übereinanderliegenden und mit Heftklammern gehaltenen A4-Doppelbögen bestehen. Du

kaufst dir gleich mehrere Hefte dieser Bauart. Eines wird als »offizielles« Heft eingesetzt und wahrscheinlich in der Schule verwahrt.
Ein zweites Heft zerlegst du in seine Einzelteile. Auf der linken Vorder- und Rückseite eines Doppelbogens schreibst du zu Hause vor. Während der Klausur biegst du die Klammern des offiziellen Heftes auf und legst den oder die vorgeschriebenen Bögen ein.
Es liegt in der Natur der Sache, daß dieser Trick nur funktioniert, wenn das Klassenarbeitsheft noch nicht bis zur Hälfte beschrieben ist. Naht dieser Knackpunkt, mußt du das Heft zu Hause »verlieren« oder durch umgeschüttete Cola versauen. Dann darfst du ein neues beginnen.

Risikobegrenzung

Nicht immer wird es möglich sein, mit vorgeschriebenen Bögen zu arbeiten. Wesentlich sicherer gehst du ins Rennen, wenn du sowohl ein paar Seiten vorgeschrieben als auch einen Spiralblock, gut getarnte Spickzettel und präparierte Arbeitsmaterialen dabei hast.
Viele Schummler schreiben nur die stumpfsinnigsten Texte vor: Aufzählungen, Begriffserklärungen, Zahlen und Daten, die man sich beim besten Willen nicht merken kann. Sie lassen sehr viel Raum, den sie während der Klausur mit dem intelligenten Drumrum füllen – und dabei bauen sie auf die Hilfe von Spickzetteln.
Der erfolgreiche Widerstandskämpfer tut sich nicht durch spektakuläre Heldentaten hervor. Er setzt dem übermächtigen Unterdrücker mit der Kraft subversiver Methoden zu.

Ghostwriter

Große Politiker und Stars schreiben ihre Reden oder Bücher auch nicht selbst. In deinem Fall arbeitet der Ghostwriter außerhalb des Klausurraums. Erst mußt du ihm die Aufgabenstellung nach draußen schmuggeln, dann schreibt er in seinem Versteck eifrig auf Klausurbögen. Schließlich muß die fertige Arbeit in den Klausurraum gemogelt werden.

So findest du einen Ghostwriter

Schüler der Parallelklasse oder ältere Jahrgänge liegen nahe, weil man sie schon kennt. An der Uni arbeitet man gern mit Kommilitonen, die dieselbe Arbeit an einem anderen Klausurtermin geschrieben haben. Mit etwas Geschick findest du aber auch einen älteren Kollegen, der dich beim Mogeln unterstützen kann. Versuch es mal mit einer offenherzigen Kleinanzeige (unter Chiffre oder der Telefonnummer eines unbeteiligten Dritten). Am schwarzen Brett mußt du vorsichtiger formulieren: »Welcher Crack mit einem Hang zum Subversiven hilft mir bei der Vorbereitung auf Prüfungen im Themenbereich soundso?«
Achte auf korrekte Bezahlung, und suche dir einen Ghostwriter aus, der dir vom Charakter her gefällt. Man will sich ja keinen Erpresser anlachen.

Die Aufgaben rausschmuggeln

Dein Ghostwriter kann erst loslegen, wenn er die genaue Aufgabenstellung kennt. Wie kannst du die Aufgabenstellung rausschmuggeln?

- Durchs Fenster: Du schreibst die Aufgaben ab oder läßt dir einen zweiten Aufgabenzettel geben (z. B. weil du den ersten irrtümlich zerrissen oder versaut hast). Du zerknüllst den Zettel und wirfst ihn durchs Fenster. Wenn du keinen Fensterplatz hast, öffnest du das Fenster wegen Frischluft.

- Durch die Tür: Du kannst den Zettel mit den Aufgaben auch falten (oder, wenn er sehr klein ist, zerknüllen) und durch den Türschlitz schieben. Voraussetzung ist allerdings ein Türplatz oder ein guter Grund, sich in der Nähe der Tür aufzuhalten.
- Angeln: Zuerst mußt du die Aufgaben in Miniaturschrift auf einen Zettel schreiben. Dann faltest du den Zettel zu einem dünnen Paket oder rollst ihn so eng zusammen, daß er in einen Plastikstrohhalm paßt.
  Seinen magischen Weg aus dem Klausurraum legt dein Aufgabenzettel am Ende einer dünnen Angelschnur aus Nylon zurück, die du vorher verlegt hast. Dein Helfer zieht das Päckchen oder den gefüllten Strohhalm unter der Tür hinaus oder aus dem Fenster nach draußen. Damit sich deine Postsendung nirgends verkantet, sollte sie möglichst stromlinienförmig aussehen. Du mußt ihren Weg optimal vorbereiten. Dein Helfer weiß nicht genau, wann die Aufsicht guckt. Kein Problem, wenn die Wanderung des Aufgabenzettels sowieso nicht gesehen werden kann oder der Weg sehr kurz ist, weil du z. B. am Fenster sitzt. In komplizierteren Fällen kannst du eine doppelt so lange Angelschnur nehmen und die brisante Sendung in ihrer Mitte befestigen. Während dein Komplize zieht, läßt du die andere Hälfte der Schnur durch deine Hand gleiten. Bei Gefahr ziehst du an der Schnur oder trittst mit dem Fuß auf sie.
- Der mißbrauchte Klobesuch – Verlassen des Klausurraumes: Zuerst notierst du die Aufgaben auf einem kleinen Zettel, den du am Körper versteckst. Etwa 15 Minuten nach Arbeitsbeginn bittest du den Lehrer, aufs Klo gehen zu dürfen. Gegen lästige Diskussion um die Dringlichkeit hilft es, wenn du der zweifelnden Aufsicht ein Attest vorlegen kannst: schwache Blase, Entzündung der Harnwege, Darmproblem, regelmäßige Übelkeit – und das alles verstärkt unter Streß. Bist du erst einmal aus dem Prüfungsraum, übergibst du die Aufgaben im Flur oder auf dem Klo an deinen Helfer.
- Helfer holt Schmuggelpäckchen ab: 15 Minuten nach Arbeitsbeginn betritt dein Helfer den Klausurraum unter einem Vorwand: Er braucht von dir ganz dringend einen Schlüssel (für Auto, Mofa, Moped, Haustür, Fahrrad) oder wichtige Dokumente (z. B. Kfz-Schein), Medikamente, ein Buch, Geld etc. Die Aufsicht hat Verständnis.

Du übergibst deinem Komplizen den gewünschten Gegenstand, der gleichzeitig als Versteck für einen mikroskopisch kleinen Aufgabenzettel dient. »Hier ist der Schlüssel, und die Zigaretten gehören auch dir.«

Deine Schmuggelverstecke sollten einer Überprüfung standhalten: Schlüsseltasche, im hohlen Innern eines großen Kellerschlüssels (Ende der Röhre: Gewinde, aufschraubbare Kappe mit Patina), im Innern eines Arznei-Dragees, im Innern einer Zigarette oder eines präparierten Bonbons.
Wenn du ganz sicher gehen willst, schreibst du die Aufgaben mit unsichtbarer Tinte (z. B. Milch, Zitronensaft) auf die Ränder oder Freiflächen eines Buches oder Dokumentes. Dein Helfer macht die Schrift draußen mit einem Bügeleisen auf heißester Stufe sichtbar.

- Kommilitone bricht Prüfung vorzeitig ab: An Unis und Fachhochschulen werden für dieselbe Arbeit mehrere Klausurtermine angeboten. Dein Helfer setzt sich zum Schein in den Klausurraum. In Wirklichkeit hat er die Klausur schon vor ein paar Tagen bestanden oder will erst ein paar Tage später antreten. Jedenfalls bekommt er einen Zettel mit den Aufgaben. Unauffällig macht er sich eine Kopie, verläßt mit ihr den Klausurraum und ward nicht mehr gesehen. Das erregt keinen Verdacht, denn viele Studenten oder Schüler der Oberstufe setzen sich in eine Klausur und versuchen, sie mit links zu bestehen. Sehen sie dann an den gestellten Aufgaben, daß sie keine Chance haben, gehen sie wieder.

Die Arbeit des Ghostwriters

An der Uni setzt sich der Ghostwriter in einen unbesetzten Seminar- oder Vorlesungsraum. An Schulen finden sich immer leere Klassenräume, der Tischtennisraum, das Fotolabor, der Keller oder der Dachboden. Wenn alles nicht hilft, ist irgendwo ein Park oder ein Café in der Nähe. Man kann auch im Auto arbeiten.

Die Werkzeugkiste

- Blankobögen (Beschaffung s.o.).
- Durchblick im Thema.
- Material zum Nachschlagen: Lehrbuch, Lösungsbuch, Übersetzungen. Vor allem Studenten verlassen sich auf eigene Mitschriften, Scripte, Repetitorien.
- Vollständigkeit und Ordnung! Man weiß nicht, was drankommt. Alles Material muß zur Hand sein und vom Ghostwriter ohne Rumsuchen gefunden werden können. Auf dem herausgeschmuggelten Aufgabenzettel kannst du Hinweise auf die Quellen geben, die dein Ghostwriter verwenden soll.

Die Qualität der Schummelarbeit

- Wenn du dich im Unterricht immer gerade so durchmogelst, darf deine schriftliche Arbeit nicht zu gut sein. Glaubwürdigkeit geht vor guter Zensur!
- Nicht wörtlich aus Büchern abschreiben!
- Schriftbild: Ein Dozent oder Lehrer darf deine Handschrift oder die deines Komplizen nicht zu gut kennen. An der Uni kein Problem, aber in der Schule? Dein Ghostwriter sollte üben, deine Handschrift nachzuahmen.

Das Reinschmuggeln der Arbeit

- Manuskript-Übergabe auf dem Klo: Wer 10–15 Minuten vor dem Abgabetermin so dringend aufs Klo muß, daß er es nicht mehr aufschieben kann, erweckt Verdacht. Also möglichst etwas früher austreten.
  Die Übergabe geht problemlos, außer wenn dir eine Aufsichtsperson ins Klo folgt. Du schließt dich in einem Klo ein,

und dein Retter sitzt auf dem Nachbarklo. Während du unter oder über der Trennwand die Blätter in Empfang nimmst, zieht der Ghostwriter die Spülung, um das Rascheln zu übertönen.
Bei sehr stark frequentierten Klos nützt ein zweiter Helfer. Er soll sicherstellen, daß das Klo neben dem Klo deines Ghostwriters für dich frei bleibt.

- Der Weg in den Klausurraum: Unter einem locker anliegendem Pulli schmuggelst du die beschriebenen Bögen in den Klausurraum. Du kannst das Papier auch um den Unterarm wickeln und im Ärmel einer weiten Wolljacke oder eines Jacketts verstecken. In einem günstigen Augenblick holst du die Bögen heraus und tauschst sie gegen die während der Klausur zum Schein von dir vollgeschriebenen Blätter aus.
- Der Papierkorb als Briefkasten: Du hast deinem Ghostwriter die Aufgaben erfolgreich nach draußen geschmuggelt. Er schreibt die Lösung auf einen Zettel und platzt in den Prüfungsraum. Vorwand: »Ich brauche zwei Stühle« oder etwas in der Art – Hauptsache Unruhe. Ganz nebenbei wirft er den zerknüllten Zettel mit den Lösungen (gern getarnt als gebrauchtes Papiertaschentuch etc.) in den Papierkorb. Ein paar Minuten später gehst du zum Papierkorb, um dort deinen Bleistift zu spitzen. Der Spitzer fällt in den Papierkorb, und du holst ihn, zusammen mit dem Zettel, wieder heraus.
- Das Postfachsystem: Wenn an Hochschulen zum selben Themenkomplex mehrere Klausurtermine angeboten werden, finden sich für jeden Termin 3–5 Leute, die draußen den Geprüften helfen: Die Aufgaben der Arbeit (bevorzugt in einem naturwissenschaftlichen Fach) werden rausgeschmuggelt und vom Helferteam geknackt. Diese netten Menschen schreiben die Lösungen auf, spurten zum Kopierer und verkleinern die Lösungstexte. Dann werden ausreichend Kopien gemacht und so zerschnitten, daß pro Aufgabe oder Thema ein Zettel entsteht.
Die Zettel 1–8 zu den Aufgaben 1–8 werden an einem sicherem Ort in genau dieser Reihenfolge deponiert. Beim Gang aufs Klo kann jeder Prüfling »seine« Antworten zusammenstellen.

Der Ghostwriter mit dem Walkie-Talkie

Ohne allzu großen Aufwand kann man Billig-Funkgeräte zu idealen Schummelwerkzeugen umbauen. Die Reichweite kann ziemlich niedrig sein, da dein Kumpel sich entweder im Gebäude oder gleich davor aufhält. Vorher testen. Unbedingt auf frische Batterien achten.

- Laß dir diktieren! – Einseitige Kommunikation
  Du sitzt im Klausurraum und hörst über einen kleinen Ohrhörer, was dir dein Komplize von draußen diktiert. Vorher mußt du natürlich die Aufgabenstellung nach draußen geschmuggelt haben. Aber daran wird es nicht scheitern.
  Ihr müßt ein eingespieltes Team sein, denn dein funkender Kollege muß genau in der richtigen Geschwindigkeit diktieren – und zwar zur Sicherheit alles zweimal hintereinander. Auch das Timing muß stimmen: Wenn die Klausur den ganzen Vormittag dauert, muß der Mann im Ohr zu verabredeten Zeiten exakt zu diktieren beginnen. Also: Uhrenvergleich!

- Die Gegensprechanlage – wechselseitige Kommunikation
  Das nenne ich optimale Schummelbedingungen: Du kannst im Klausurraum senden und empfangen. Du funkst die Fragen raus, bekommst die Antworten und kannst Rückfragen stellen.

Das Original-Walkie-Talkie und sein Umbau

Ein Billig-Funkgerät ist recht simpel aufgebaut: Es besitzt eine Sprechtaste, mit der du zwischen Senden (»Sprechen«) und Empfangen umschalten kannst. Der Lautsprecher dient gleichzeitig auch als Mikrophon. Bei vielen Geräten ist ein Pieper eingebaut, um das Umschalten von Senden auf Empfangen zu markieren. Je nach Sendefrequenz haben die Kisten eine mehr oder weniger lange Antenne.
Für den unauffälligen Einsatz beim Schummeln muß ein bißchen gebastelt werden: Der Erfolg ist ganz unterschiedlich, denn unter den Walkie-Talkies gibt es Geräte, die sich leicht modifizieren lassen – aber auch solche, bei denen schon eine Veränderung in der Anordnung der Originalteile zu einem Totalausfall des empfindlichen Hochfrequenzgleichgewichts im

Gerät führen. Also am besten erst mit einem Funkfreak sprechen, der den Umbau übernehmen will oder sogar – noch besser – Erfahrung damit hat.
Vor allem folgende Umbauten wird er vornehmen:

- Abschalten des Lautsprechers: Steckt man einen Klinkenstecker in die Buchse für den externen Kopfhörer, ist der lärmende Lautsprecher stumm. Zur Sicherheit solltest du aber die beiden Drähtchen zum bzw. am Lautsprecher entlöten oder abschneiden.
- Ersatz des Lautsprechers durch Ohrhörer: Verbinde die beiden Kabel eines Miniaturohrhörers (= Hälfte eines Stereo-Walkman-Sets oder einzeln im Elektronikhandel) mit den beiden Drähten, an denen vorher der Lautsprecher hing. Der Ohrhörer sollte den gleichen Ohm-Wert haben wie der Lautsprecher (also wahrscheinlich 4 oder 8 Ohm). Der Mini-Ohrhörer kann nun – wie vorher der außer Gefecht gesetzte Lautsprecher – zum Hören (= Empfangen) und Sprechen (= Senden) verwendet werden.

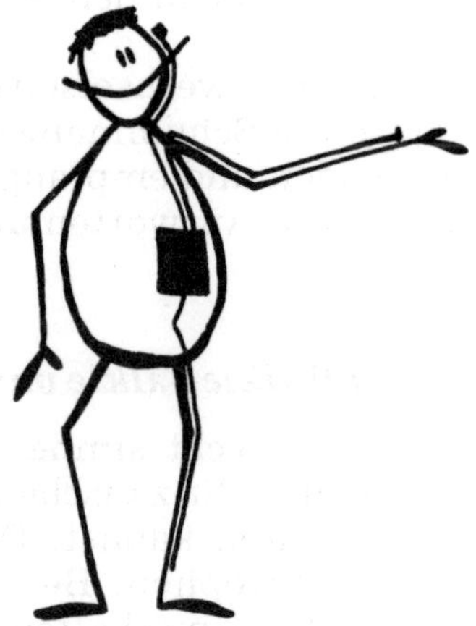

- Antenne: Das umgebaute Funkgerät soll Miami Vice-mäßig am Körper getragen werden. Folglich mußt du die sperrige Teleskop- oder Kurzantenne auslöten. Eine Kurzantenne kannst du z. B. im Hosenbein tragen und über ein Kabel mit dem Gerät verbinden; eine lange Antenne (ca. 120 cm) solltest du durch ein am Körper getragenes Kabel (= isoliertes Kabel etwa in der Länge der Antenne, Durchmesser egal) ersetzen.
- Akustische Warneinrichtungen: kappen.

- Anzeigelämpchen: kappen.
- Ruftaste: Ganz wichtig! Du willst ja schließlich zwischen Senden und Empfangen umschalten können. Bei manchen Funkgeräten mußt du gar nichts verändern. Die Wunderwaffe wird fest an deinem Körper angeklebt, und du bedienst die Ruftaste nachdenklich vor dem Mund. Da du grundsätzlich und immer Kaugummi kaust, stört sich niemand an der Bewegung deines Mundes.

Bei Gefahr zieht ein Gummizug die verdächtige High-Tech in die intimen Tiefen des Ärmels zurück.
Es kann anstrengend werden, wenn du deinen Minihörer stundenlang mit den Fingern festhalten sollst. Du kannst dir eine kleine Haltevorrichtung einrichten und deinen Minihörer an einer Öse an der Innenseite eines Fingerringes oder am Armband deiner Armbanduhr befestigen.
Ein Bekannter von mir hat sich seine empfindliche Technik auf die Hand geklebt und dann bandagiert. Er hat seine Ruftaste durch die Mullbinde gedrückt. Wenn du diesen Trick nachahmen willst, solltest du die Bandage selbstverständlich Tage vor und nach der Prüfung tragen.

Fester Ohrhörer im Ohr

Wenn deine Haare lang und dicht genug sind, um die Ohren zu bedecken, kannst du dir einen Subminiatur-Ohrhörer (Elektronik-Fachgeschäft oder Hörgeräteakustiker) mit einem sehr dünnen, (möglichst) fleischfarbenen Kabel in ein Ohr stecken und damit die Einflüsterungen deines Komplizen abhören.
Noch eine zweite Bauweise ist verbreitet: Du kaufst einen kleinen Ohrhörer (»Knopf im Ohr«, Elektronikgeschäft), den du aber nicht direkt ins Ohr steckst. Vielmehr befestigst du an seiner Schallöffnung einen ca. 20 cm langen, sehr dünnen, durchsichtigen und schalldichten Schlauch, an dessen Ende sich ein ebenfalls durchsichtiges Ohrstück (vom Hörgeräteakustiker) befindet. Am besten bohrst du die Schallöffnung des Billig-Ohrhörers so lange auf, bis der Schlauch genau in die Bohrung paßt. Beides miteinander verkleben und mit Gewebeband umwickeln, dann sitzt alles bombenfest zusammen.

Installation am Körper

Du solltest das Kabel (bzw. den Schlauch) über Wirbelsäule und Nacken bis hinters Ohr führen. Befestige es mit schmal geschnittenem, möglichst fleischfarbenem Gewebeklebeband oder Pflaster – ein Streifen alle 10–15 cm. Zwischen diesen Haltepunkten mußt du dein Kabel bzw. den Schlauch leicht gebogen verlegen – nur so bleibt dir genug Bewegungsfreiheit.
Perfekt wird die Tarnung, wenn du dazu einen Rollkragenpullover oder – du hustest und schniefst – einen Schal wegen der Erkältung trägst.

Mikro im Ärmel

Wenn du auch aus dem Klausurraum herausfunken möchtest, brauchst du ein Miniaturmikro im Ärmel. Damit das Ärmelmikro beim Empfangen abgekoppelt wird, mußt du als »Ruftaste« einen Doppelschalter einbauen: Gedrückt aktiviert der Doppelschalter die Senden-Funktion und schließt das Mikro parallel zum Lautsprecher bzw. Ohrhörer; ungedrückt aktiviert er die Empfangen-Funktion und unterbricht die Parallelschaltung Mikro und Lautsprecher.

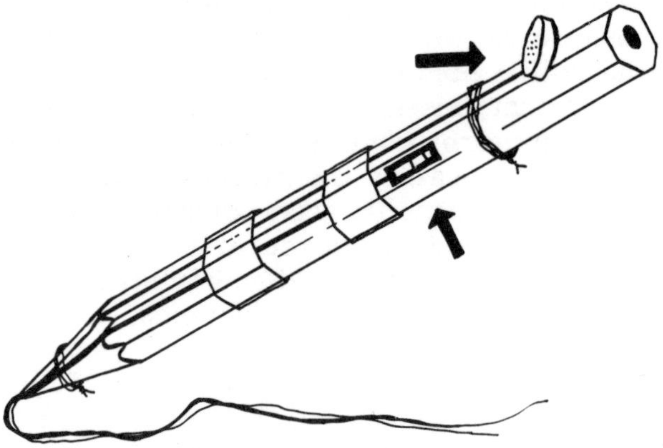

Käufliche Wanzen

Diverse Versender bieten Wanzen von der Größe einer Aspirintablette bis hoch zu Streichholzschachtelformat. Manche sol-

cher Wanzen sind in Kulis oder Feuerzeugen verborgen. Mit ihnen kann man die Aufgabenstellung wunderbar aus dem Klausurraum herausfunken. Nachteil: teuer in der Anschaffung, und selbstverständlich ist die Verwendung solcher Spielzeuge rechtlich streng verboten.
In Fachzeitschriften und Illustrierten findest du die Adressen der einschlägigen Versandhändler.

Passendes Empfangsgerät

Superminiradios (»Walker-Radio«) sind so klein und dünn wie eine Scheckkarte und lassen sich von einem mittelmäßig begabten Elektronikbastler so modifizieren, daß du mit ihnen auch die Frequenz vieler Funkgeräte reinkriegst. Entscheide über den Kauf von Wanzen und Funkgeräten erst, wenn du einen Bastler gefunden hast, der die notwendigen Umbauten vornehmen und dir einen Radioempfänger auf die heiße Frequenz umfummeln kann.

Generalprobe mit Soundcheck

Dein Komplize sollte möglichst viel Sendepower haben. Etliche Funkgeräte knallen richtig los, wenn man sie nicht mit kleinen Monozellen betreibt, sondern an die Steckdose oder an eine Autobatterie (über den Zigarettenanzünder) hängt.
Dein Partner sollte möglichst nahe am Klausurraum operieren. In Ruhe macht ihr euren Soundcheck: Dein sendender Kumpel redet ununterbrochen in seiner späteren Arbeitslautstärke. Du sitzt unter realistischen Verhältnissen möglichst im späteren Klausurraum und pegelst das notwendige Lautstärkeminimum ein. Unbedingt testen, wie laut dein Ohrhörer klingt, wenn er ungeschützt auf dem Tisch liegt. Bloß keine verdächtigen Geräusche!

Funken trainieren

Dein Komplize und du müßt ein eingespieltes Team sein. Euer Dialog muß unauffällig und sicher klappen.
Ihr braucht einen Zeitplan! Beispiel: 8.30 h = Übermittlung von 3 Fragen. Dann 28 Minuten Recherche des Ghostwriters. 9 h: Auf Empfang wegen erster Antwort-Diktate etc.

Wenn du nur empfangen, aber nicht senden kannst: Diktiertempo üben. Dein Helfer muß jeden diktierten Satz mindestens einmal wiederholen.
Laut, deutlich, verständlich, langsam und in vernünftigen Sinnschritten diktieren. Trainiert zu Hause ohne Sichtkontakt, dann mit der Sendeausrüstung.

Der Ghostwriter im Klausurraum

Komplizen gewinnen

Nur gute Schüler können dir beim Schummeln helfen. Doch warum sollten sie das Risiko eingehen? Sie haben sowieso gute Noten und können viel verlieren, wenn sie dir helfen.
Oft möchte man mit den Guten ohnehin nichts zu tun haben, denn die meisten von ihnen zählen zu jenen schleimigen Lebensformen, die besser im Quallenbecken der nächstgelegenen Pharmaversuchsanlage aufgehoben wären als im Kreis der Kumpels.
Und es ist gar nicht so leicht, die Kollegen mit den guten Zensuren zu überreden, und ein Patentrezept gibt es schon gar nicht. Den einen kannst du mit der Mitleidstour erweichen: »Ich konnte den Stoff nicht lernen, weil ich so schreckliche Probleme zu Hause habe, und außerdem –« Ein Appell ans soziale Gewissen wirkt oft Wunder.
Manch ein Streber möchte gern als Kumpel akzeptiert werden, aber die Aufnahme in die Clique gibt es nicht zum Nulltarif. Viele sprechen gut auf die Idee der Solidarität an: Hier sind wir, die gequälten Schüler, nach völlig unrealistischen und inhumanen Gesichtspunkten gegeneinander aufgehetzt; und auf der anderen Seite ist der Lehrkörper: autoritär, sadistisch, heuchlerisch, ungerecht, unsympathisch. Wenn alles nicht hilft, interessiert sich dein Lieblingsprimus vielleicht für Geld.
Gute Schüler und Studenten haben oft große Angst, erwischt zu werden, wenn sie dir beim Schummeln zur Hand gehen. Du

mußt sie beruhigen und ihnen in ein paar Testläufen vorführen, wie sicher deine Tricks funktionieren. Außerdem können sie im Ernstfall ja behaupten, der Druck der Gruppe sei so stark gewesen, daß sie nicht anders konnten als mitzuschwimmen.

Der Ghostwriter schreibt, du gibst ab

Nach dieser Methode wird vor allem an Unis und Fachhochschulen im Schutze der dort herrschenden Anonymität gemogelt. Du sitzt im Klausurraum – und dort sitzt auch dein Ghostwriter. Er schreibt eine gute Arbeit, drückt sie dir im Abgabegetümmel in die Hand, und du gibst sie frech unter deinem Namen ab. Der Ghostwriter verdrückt sich im allgemeinen Durcheinander.
Natürlich kann dieser Trick nur angewendet werden, wenn es das entsprechende Chaos bei der Abgabe gibt.

Der Ghostwriter gibt »deine« Arbeit ab

Der Ghostwriter kann seine Arbeit auch unter deinem Namen abgeben. Das funktioniert, wenn zwar vor Beginn der Klausur eine Kontrolle der Personalausweise vorgenommen wurde, nicht aber beim Abgeben der Arbeiten.
Ein Problem habt ihr zwei, wenn die Aufsichtsperson dich oder deinen Komplizen kennt. Andererseits sieht selbst unter solch widrigen Umständen kaum ein Dozent auf den Klausurbogen, um bewußt den Namen zu checken.

Der Ghostwriter als dein Doppelgänger

Bei dieser gnadenlosen Variante erscheint nur dein Ghostwriter zur Klausur. Er trägt sich unter deinem Namen ein, schreibt deine Arbeit und gibt sie ab – während du zu Hause entspannt Musik hörst und rumhängst.
Der Trick eignet sich nur für Klausuren ohne Ausweiskontrolle (obwohl erfahrungsgemäß schon eine minimale Ähnlichkeit reicht, um dreist den Doppelgänger zu spielen. Der Lehrkörper sieht nicht so genau hin.). Auch sollte der Dozent weder dich noch deinen Ghostwriter zu gut kennen.

Der Doppelgänger bei der mündlichen Prüfung

Wenn du einen Doppelgänger mit Durchblick hättest, könntest du ihm deinen Ausweis geben und sogar zur mündlichen Prüfung schicken. Aber wer hat schon einen Doppelgänger? Und erwischen lassen darf man sich bei solchen Aktionen auf keinen Fall, denn da ist man richtig dran wegen Betrug und Beihilfe zum Betrug.

Schummeln zu zweit oder zu dritt

Stellen wir uns vor, du hättest einen Alleswisser überredet, dir beim Schummeln zu helfen. Der Schlauberger schreibt die Lösung einer Aufgabe auf einen Zettel. Aber wie gelangt die unbezahlbare Information zu dir?

Die Hosensaum-Staffel

Der Könner sitzt möglichst dicht hinter dir. Er steckt den Zettel mit den Lösungen in seinen Schuh, seine Socke, ins umgeschlagene Futter oder den »Schlag« seines Hosenbeins etc. Dann streckt er die Füße ganz weit aus – bis unter deinen Stuhl. Du bückst dich unauffällig und entnimmst den Zettel.

Werfen

Dein kluger Helfer formt seinen Lösungszettel zu einer Kugel, die er dann zu dir rüberwirft oder -rollt. So könnt ihr über große Entfernung schummeln – allerdings immer mit der Gefahr erheblicher Streuverluste. Wurftricks müssen geübt werden. Die Treffsicherheit steigt dramatisch an, wenn die Kugel um ein Bleistück aus der Gardinenschnur herum geformt wird. Sehr brauchbar finde ich auch den Trick, die beschwerte Kugel an einem vorher verlegten dünnen Nylonfaden zu befestigen und zum Ziel ziehen.

Transport im Schreiber

Dein Komplize versteckt den Zettel mit allen wichtigen Antworten im Innern eines Kulis oder in der Füllerkappe. Du »leihst« dir das Schreibgerät, weil dein Kuli gerade alle ist. Genausogut könntet ihr beiden mit zwei identischen Kulis in den Kampf ziehen. Dein Helfer läßt seinen runterfallen. Du hebst ihn auf.

»Zettelrotation«

Bei Klausuren mit wenig Text, also in Mathe, Physik oder Chemie, kannst du mit Hilfe eines guten Mitschülers so eine Art Schummelfließband betreiben:
Du sitzt an der linken Wand und hast null Ahnung. Der Primus sitzt dicht hinter dir. Er hat zwei Klausurbögen vor sich, du nur einen.
Der Primus löst die erste Aufgabe. Dann legt er den betreffenden Klausurbogen auf die vordere, wandnächste, also linke Ecke seines Tisches. Vereinbartes Räuspern, Füßescharren, Stöhnen etc. – und schon greifst du blind nach hinten und schnappst dir den Bogen. Jetzt hast du zwei Bögen vor dir und der Primus nur einen. Du schreibst den Bogen in Ruhe ab.

1 2 3 4

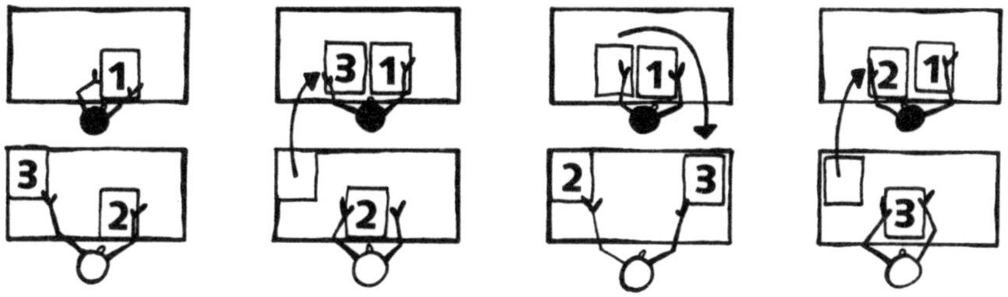

Danach mußt du abwarten, bis die Aufsicht dir den Rücken zuwendet oder dich nicht im Blick hat. Geschickt, ohne hinzusehen und blitzschnell legst du den eben kopierten Bogen des Primus' zurück auf seinen Tisch – diesmal auf die andere, also rechte Seite.
Gleichzeitig plaziert der Primus seinen zweiten Bogen mit der zweiten Aufgabe an den Übergabepunkt links an der Wand. Dort schnappst du ihn dir.
Nach diesem Muster geht es heiter weiter.

Resultat dieser Schummelaktion: Du hast einen Arbeitsbogen verwendet und dort alle Aufgaben der Reihenfolge nach »gelöst«. Dein Komplize hat zwei Bögen verbraucht. Auf dem einen stehen hintereinander die Aufgaben 1, 3, 5, 7, auf dem anderen die Lösungen der Aufgaben 2, 4, 6, 8.
Das sieht auffällig aus. Günstiger ist es, eine andere Reihenfolge zu wählen.
Wirkliche Profis bringen nicht alle Lösungen hintereinander aufs Papier, sondern plazieren sie willkürlich auf den Bögen und füllen die freibleibenden Lücken mit späterem Geschreibe. Bleibt noch auffälliger Platz, obwohl alle Aufgaben behandelt sind, kannst du zur Tarnung die nächste Aufgabe dort »anfangen«, aber dann war der Ansatz falsch, und daher streichst du das Geschreibsel durch – zack, schon ist die Lücke geschlossen.
Bei optimaler Einteilung hat der Primus mit der Hälfte der Aufgaben den ersten Bogen vollständig ausgefüllt. Bleibt auffälliger Platz am Ende des ersten Bogens, beginnt er dort mit der Lösung der nächsten Aufgabe, wählt aber einen falschen Ansatz, so daß er dann alles ausstreichen und mit derselben Aufgabe (und richtiger Lösung) auf dem nächsten Bogen beginnen kann.
Als Versager im geprüften Fach darfst du ohnehin nicht zu viele Aufgaben korrekt lösen. Du kannst also immer wieder mal eigene Lösungen probieren – und voll vergeigen. Das schafft Glaubwürdigkeit.

Multiple Choice-Fragebögen

Fragebögen zum Ankreuzen bieten mehrere gute Möglichkeiten zum Schummeln.
Zeichensprache: Du kannst sogar über größere Entfernungen hinweg die richtigen Antworten durch den Raum schicken, vorausgesetzt du hast den oder die richtigen Partner. Ihr müßt nur eine einfache, aber unauffällige Zeichensprache vereinbaren und trainieren, euch die Nummern der Fragen und ihre Lösungen mitzuteilen.
Verlaß dich aber nicht auf nur einen Partner, wenn damit zu rechnen ist, daß zwei oder mehr verschiedene Fragebögen ausgeteilt werden, damit das Schummeln verhindert wird.

Beschaffung vorher: Wo werden die Fragebögen geschrieben, grafisch gestaltet, wo vervielfältigt und dann aufbewahrt?

Sich zuflüstern

Mußt du für die Klausur deinen Tisch von dem deines Nachbarn abrücken und dich dann so hinsetzen, daß du einem anderen Prüfungsopfer praktisch gegenüber sitzt?
Prima, denn dann wendet fast immer einer von euch beiden der Aufsicht den Rücken zu. Er kann dem anderen wichtige Informationen zuflüstern, ohne aufzufallen. Droht Gefahr, warnt der Zuhörer den Plauderer durch ein vereinbartes Zeichen.

Wegen Krankheit verhindert

Glaubwürdigkeit und Timing

Täglich bist du jener seelischen Grausamkeit ausgesetzt, die alle Pädagogen als ihre wesentliche Berufung empfinden und unzählige Semester lang auf Kosten ehrlicher Steuerzahler studiert haben – wenn auch unter anderer Bezeichnung. Du bist das Opfer dieser beamteten Krankheitserreger, aber niemand bearbeitet mit dem nötigen Ernst deinen Antrag auf Frührente.
Ganz anders sieht es mit erfundenden Erkrankungen aus. Sie werden, wenn du es geschickt einfädelst, geglaubt und helfen dir. Plötzlich auftretende Krankheiten haben den Makel einer gewissen Unglaubwürdigkeit. Du solltest lieber schon ein paar Tage vor dem entscheidenden Kollaps kränkeln. Erst über irgendwas klagen, dann eine Stunde wegen Übelkeit ausfallen lassen – danach aber wieder normal am Unterricht teilnehmen, um zu zeigen: Ich möchte eigentlich, aber es ging beim besten Willen nicht. Am nächsten oder übernächsten Tag erfüllt sich dann deine Hoffnung auf Besserung nicht – schaaaade.

- Klausur ausfallen lassen: Am Tag vor der Prüfung verläßt du wegen Schmerzen, Übelkeit oder sonstwas die Unterrichtsstunde. Am besten läßt du dich von einem Kollegen nach Hause bringen – so schlecht geht es dir.
  Am nächsten Tag bleibst du im Bett und schickst eine Krankmeldung ans Sekretariat.
  Nur in echten Notfällen kannst du dich erst am Prüfungstag vom Arzt krankschreiben lassen. Am besten zum Simulieren eignen sich folgende »Krankheiten«: Herz-Kreislauf-Beschwerden aller Art, Ohnmacht, Zittern (= Überdosis Kaffee, Schlafentzug, 3 Liter Red Bull, Speed), Schmerzen in Brust mit folgender Panik (fast schon ein Fall für den Notarzt).
  Kopfschmerz, »Unwohlsein« oder Magenverstimmung reichen selten für eine Beurlaubung.
  Deine Krankmeldung kannst du durch einen Mitschüler oder einen Boten beim Sekretariat abgeben lassen.

Manche Anstalten akzeptieren nur ernsthafte Erkrankungen oder Katastrophen. Am besten hast du einen Unfall mit Fahrrad oder Auto und kannst das polizeiliche Unfallprotokoll der absichtlich herbeigeführten Beulen vorweisen.

- Prüfung abbrechen: Auch in diesem Fall verläßt du am Vortag den Unterricht. Aber du erscheinst wacker zur Klausur. Stellst du nach ein paar Minuten fest, daß du das Thema nicht beherrschst und du deine Schummeltricks nicht risikolos anwenden kannst, brichst du die Klausur ab, um schwerkrank nach Hause oder – besser – zum Arzt zu gehen. Diese Version wirkt besonders verdächtig. Der Arzt muß dir ein astreines Attest schreiben.
  Die nächsten ein bis zwei Tage verbringst du »im Bett« oder unter der Tarnkappe.
- Anfechtung wegen Krankheit: Nach ausreichender Simulation am Vortag erscheinst du bei dieser Variante zur Klausur. Du schreibst die Arbeit und zeigst deutlich, wie sehr du dich gesundheitlich quälst. Mit letzter Kraft gibst du die Arbeit ab.
  Nach der Klausur diskutierst du mit deinen Mitschülern über die einzelnen Aufgaben und bekommst ein sicheres Gefühl dafür, ob du die Arbeit einigermaßen gerafft oder voll vergeigt hast. Im zweiten Fall sollte in der folgenden Unterrichtsstunde eine Krankheit ausbrechen – mindestens Übelkeit. Du bestehst darauf, zum Arzt gehen. Der muß dir attestieren, daß du schon während der Arbeit ernsthaft krank warst. Dann dürfen deine Leistungen nicht gewertet werden. Um Mißverständnisse zu vermeiden, solltest du das Attest noch am selben Tag einreichen (lassen).
- Nachschreiben: Die Arbeit mußt du wahrscheinlich nachschreiben. Meist sind die Schummelchancen hier besser als bei normalen Arbeiten. Vor allem hat man mehr Vorbereitungszeit und kann von den Erfahrungen der Mitschüler profitieren.

Atteste und Bescheinigungen

Es gibt ein Recht auf Klobesuch. Wer muß, der muß auch gelassen werden. Kein Lehrer oder Dozent darf darauf bestehen, daß du dich einnäßt. Es wäre rechtswidrig, dir den Gang zur Toilette verbieten zu wollen.

Aber: warum diskutieren? Mit einem ärztlichen Attest ersparst du dir allen Streß, und dieses unbeschreiblich wertvolle Dokument kannst du dir leicht erschwindeln:
Du gehst zum Arzt und spiegelst Blasenprobleme vor. Du hast eine »Reizblase«. Andauernd »mußt« du. Streß, Psycho-Probleme und Prüfungsangst verstärken diese hinderliche Störung noch: »Ich schäme mich dafür, Herr Doktor. Man hänselt mich.« Noch ein Grund für die Reizblase.
Du brauchst unbedingt ein Attest, weil: »Wenn ich mir vorstelle, ich sitze in der Klausur und muß, und der Lehrer läßt mich nicht, und dann die hochnotpeinliche Situation vor allen, und alle lachen, besonders die Mädchen, da muß ich erst recht.«
Häufig werde ich gefragt: »Sollte man dem Arzt nicht einfach reinen Wein einschenken?« Klare Antwort: Nein. Der Arzt kann nicht riskieren, daß du vor deinen Freunden damit prahlst, ihn ganz cool zu einer unerlaubten Tat überredet zu haben.
Welcher Arzt ist der richtige? Es gibt in jeder Gegend den einen oder anderen Doktor, der als Krankschreiber oder Trottel bekannt und beliebt ist.

Glückliche Nachschreiber

Wenn Schüler der Unter- und Mittelstufe eine versäumte Arbeit nachschreiben müssen, sperrt man sie allein und ohne Aufsicht in einen Raum ein. Vorher wird flüchtig gecheckt, was sie mitnehmen.
Selbstverständlich kannst du den Nachschreiberaum unbarmherzig präparieren und allerlei Rettendes hineinschmuggeln:

- Füllerkappe: Spickzettel zur Sicherheit in Frischhaltefolie einwickeln, damit er nicht von Tinte versaut wird.
- Schuhe: Zettel unter die Einlegesohle legen oder zerknüllt im Bereich der Zehen verstecken.
- Kleidung: Mogelunterlagen zusammenrollen und im Schritt verstecken. Dort wirst du garantiert nicht abgetastet.
- Außenfassade: Lehrbuch an Nylonangelschnur knoten, aus dem Fenster hängen, und dann das Fenster schließen. Etwas weniger spektakulär: Das Lehrbuch liegt auf dem Fenstersims.

Mündliche Noten und mündliche Prüfungen

Jede Unterrichtsstunde ist eine mündliche Prüfung, auch wenn es niemand so sagt. Wie du dich am Unterricht beteiligst, welche Fragen du stellst, wie du aufpaßt – alles das schlägt sich auf deine Note nieder.
Profischummler schummeln daher immer, auch wenn es nicht ausdrücklich von ihnen verlangt wird. Bei jeder Gelegenheit tun sie so, als hätten sie mehr auf dem Kasten, als man denkt.
So kannst du deine mündliche Note verbessern:

- Literatur: Dekoriere deinen Tisch mit wissenschaftlichen Fachbüchern. Lehrer und Dozenten lieben Menschen, die sich über das geforderte Maß hinaus mit »ihrem« Thema beschäftigen. Selbstverständlich macht es sich auch gut, wenn du zu Unterrichtsbeginn den »Spiegel« oder wissenschaftliche Zeitschriften ordentlich beiseite legst.
- Zitate einflechten: Intensive Kenntnis der Materie kannst du durch Zitate heucheln. Besonders intelligent klingt es, wenn du ein Zitat vorträgst und es dann »hinterfragst«.
- Freiwillige Meldungen: Bei Fragen an die Klasse antwortest du als dritter, indem du die vorherigen (richtigen) Antworten und die ergänzenden Kommentare des Lehrers intelligent zusammenfaßt.
- Gegenfragen: Auf eine direkt an dich gestellte schwierige Frage antwortest du mit einer (bitte nicht zu plumpen) Gegenfrage. Wird deine Gegenfrage weggewischt und dann die alte Frage wiederholt, antwortest du mit einer zweiten Gegenfrage. Diese Technik funktioniert nur, wenn du in deinen Gegenfragen jeden Hauch von Provokation vermeidest.
- Spezialinteresse: Während normale Schüler oder Studenten froh sind, daß das Thema durch ist, stellst du Fragen nach den Feinheiten und heuchelst dadurch ein tieferes Interesse am Stoff. »Es wäre für mich wichtig zu wissen, warum –« oder »Welche weitergehenden Schlußfolgerungen kann man aus dem ziehen, was Sie uns da gerade erklärt haben?«
- Fragen nach Unterrichtsschluß: Nur die wirklich Interessierten opfern wertvolle Minuten ihrer Pause, um sich mit dem

Lehrer oder Dozenten noch ein paar Minuten über das spannende Thema zu unterhalten, das er der gelangweilten Mannschaft einzupauken versucht hat. Achte darauf, nicht anbiedernd zu wirken, sondern furchtbar wißbegierig. Pfiffige Schummler bereiten sich durch Privatstudium auf die Sonderfragen vor.

Kann man bei mündlichen Prüfungen schummeln? – Selbst für David Copperfield dürfte es eng werden, wenn er, vor den Prüfern stehend, seinem Wissen mit Tricks nachhelfen wollte. Warum? Weil er die nächsten Absätze noch nicht gelesen hat.

Vor Beginn der Prüfung

Es wäre einem schon sehr geholfen, wenn man wüßte, was aus dem unübersichtlichen, riesigen Dschungel schwachsinniger Themen bei der Prüfung tatsächlich drankommen wird. Die angewandte Strategie des Ausfragens sollte auf den Lehrertyp abgestimmt sein:

- Auf die nette: »Ich weiß, daß ich in etlichen Bereichen nicht gerade der Stärkste bin. Aber wo, glauben Sie, habe ich meine größten Schwächen? Was sollte ich im besonderen noch mal durchgehen?«
  Ist der Lehrer gutmütig oder findet er dich sympathisch, kann er dir auf diese Frage einige dezente Hinweise geben, ohne sich dem Vorwurf aussetzen zu müssen, er habe dich bevorzugt.
  Wenn ein Lehrer auf die »Was-würden-Sie-an-meiner-Stelle-tun?«-Frage antwortet, lügt er normalerweise nicht. Nur antworten leider viele Lehrer nicht auf solche Fragen.
- Fangfrage: »Warum lassen Sie eigentlich das Thema soundso aus?«, fragst du unvermittelt in einem Gespräch über die anstehende Prüfung. »Toll, daß Sie das Thema soundso nicht prüfen wollen.«
  Normalerweise wird kein verräterisches Wort über die Lippen des Lehrers oder Dozenten kommen, aber nur wenigen sind beim Zahnarzt alle Gesichtsnerven getrennt worden – leider, einerseits, aber andererseits: So kann man an den Reaktionen des Gesichtes wertvolle Informationen über den Inhalt der Prüfung ablesen.

- Mitleidstour: Erkläre deinem Dozenten oder Lehrer unter vier Augen, warum diese Prüfung lebenswichtig für dich ist. Breite vor ihm deine privaten Probleme aus. Da sind die extremen Belastungen in der Familie, Krankheit, Todesfall, Beziehungsstreß, Schwangerschaft – der Fantasie sind keine Grenzen gesetzt, außer einer: Deine Märchen mußt du dir vorher sorgfältig überlegt haben, sonst kommst du garantiert ins Stottern.
  Kannst du auf Kommando weinen? Klasse!
  Kannst du nicht auf Kommando weinen? Dann wickle einen Teelöffel voll Meerrettich in etwas Frischhaltefolie, trage das Gebinde während des Gespräches im Mund und zerbeiße es im dramatisch richtigen Augenblick – das treibt selbst einem John Wayne die Tränen in die Augen.
  Jeder Lehrer hat auch eine schwache menschliche Seite – aber jeder eine andere. Der eine wird weich, wenn du dich als das Opfer psychopathischer Yuppie-Eltern darstellst; der nächste mag es, wenn du an seine väterlichen Instinkte appellierst, schwach und verletzlich bist; und ein Dritter will unbedingt hören, daß du deine Fehler erst gestern eingesehen hast, dir schreckliche Selbstvorwürfe machst und ab gestern alles anders wird (wenn auch nur bis übermorgen). Finde den humanen Nerv und geige auf ihm herum.
- Später Prüfungstermin: Wenn du als letzter geprüft wirst, stehen deine Chancen am besten. Am Ende der Staffel sind bestimmte Muster erkennbar. Du profitierst von den Fragen, die andere schon beantworten mußten, weil du ahnen kannst, welchen Stoff du unbedingt pauken mußt und welchen du eher vernachlässigen kannst.
  Um zu den letzten gehören zu dürfen, brauchst du einen triftigen Grund: Krankheit, Arzttermin (besonders glaubwürdig: Zahnarzt), Unfall, Trauerfeier, Termin beim Anwalt etc.
- Vorbereitungszeit nutzen: Bei den mündlichen Prüfungen zum Abitur oder Examen darf man sich meist 10–15 Minuten auf seine Aufgabe vorbereiten – natürlich unter strenger Aufsicht. Wie gut, daß du alle Schummeltricks perfekt beherrschst und dich mit optimalen Spickzetteln präpariert hast.
  Bei einer besonders scharfen Aufsicht hilft nur die Gewaltmethode: Um von dir und deinem heimlichen Tun abzulenken, platzt ein Kumpel in den Vorbereitungsraum und redet

mit der Aufsichtsperson über etwas sehr Wichtiges: »Ihr Auto ist gerade angefahren worden.« Auch ein paar auf dem Flur abgefeuerte Schüsse aus der Schreckschußpistole oder gellende (Hilfe-)Schreie haben schon so manchen aus der Ruhe gebracht – selbst solche mit dem Gemüt eines KZ-Aufsehers.

Während der Prüfung: psychologische und rhetorische Tricks

Es ist Teil ihrer unheilbaren Perversion, daß Lehrer und Dozenten davon träumen, genußvoll auf deinen Schwächen herumzutrampeln, bis du zu einer zuckenden Masse aus Wissenslücke und Versagensangst verstümmelt bist. Das findest du sicher schlimm. Man muß aber auch Verständnis dafür haben, daß ein Lebewesen, das schöpfungskronenmäßig noch unter der Kakerlake rangiert, sich gern aufspielt.
Viel interessanter ist doch die Frage: Was kannst du dagegen tun?
Der wahre Künstler versteht es, auch dann noch den Eindruck von Kenntnisreichtum und Sicherheit zu erzeugen, wenn er noch nie etwas vom geprüften Thema gehört hat.
Wie soll das möglich sein?
Du mußt in Prüfungen immer die Gesprächsführung übernehmen, denn nur dann kannst du den Verlauf bestimmen.
Durch abschweifende Antworten kannst du zu deinen wenigen Kenntnisschwerpunkten führen und von dort aus weitermachen: Du quatschst dich fest oder bauschst deine Stärken auf. Um Zeit zu gewinnen, fragst du den Prüfer aus. Damit auch der schärfste Hund nicht merkt, wie gut du dich auskennst, simulierst du Prüfungsangst und stammelst herum, damit du möglichst lange auf sicherem Terrain verweilen kannst.

Formulierkunst

Politiker beherrschen diese Schummeldisziplin am besten. Sie formulieren auch die banalsten Erkenntnisse so »wichtig«, daß einem sogar die Feststellung, daß der Rhein ein Fluß ist, wie eine Offenbarung erscheint.

Auftreten

Durch selbstbewußtes Auftreten kannst du jedes Wissensdefizit ausgleichen. Du mußt nur so wirken, als wüßtest du haargenau, was gerade gefragt wird – nur mit dem Formulieren kommst du nicht nach. Als designierter Nobelpreisträger weiß man halt nicht immer, wo man anfangen soll, um zuhörende Laien nicht zu überfordern.

Wissen aufblasen

Wenn du schon das Glück hast, daß man dich nach etwas fragt, was du zufällig ganz gut weißt, solltest du dieses Wissen in epischer Breite, langatmig und umständlich vortragen. Außerdem kannst du dein Teilwissen als besonders wichtig und ungewöhnlich darstellen – ohne natürlich in unsympathische Angeberei zu verfallen.

Abstraktes und Allgemeines

Noch mal lernen wir von Politikern und Funktionären: Wo der Durchblick fehlt, ergehst du dich in Abstraktion und Allgemeinplätzen. Und ist es nicht eine häufige Forderung höherer Bildungsanstalten, daß man sich aufs Abstrahieren versteht? Anstatt die Frage zu beantworten, wann genau die Reichsgründung von wem und wo durchgezogen wurde, referierst du über die Tatsache, daß bestimmte Ereignisse in der Geschichte von besonderer Wichtigkeit sind, und dazu gehört das Prinzip der Gründung, ja und gegründet kann vieles werden, aus den verschiedensten konkreten Gründen, wenn es auch immer um den Wunsch der Beteiligten geht, durch den Akt der Gründung einen Fortschritt an sich zu erzielen, und dies, obwohl eine Gründung für einen Teil der beteiligten Gründer kaum mehr als die Plattform ist, um ihre eigene Person nach vorn zu spielen, es sei denn, äußere Ereignisse hätten die Gründung so zwingend nahegelegt, daß sich so oder so irgendwer, quasi austauschbar, auf die Planstelle des Gründers geschoben hätte etc. bla bla bla.

Zum Lieblingsthema umleiten

Wenn du nur ein Viertel des gesamten Stoffes draufhast, bestehst du trotzdem jede Prüfung. Du mußt es nur verstehen, von jeder Frage ganz schnell – vielleicht sogar, ohne sie zu beantworten – auf »deine« Themen umzuleiten.
Wird nach dem Lebenswandel der Elefanten gefragt, kann man dennoch sehr viel über den Regenwurm loswerden: »Auffällig ist am Elefant der Rüssel. Aber ist er einzigartig? Im Prinzip nimmt die Natur hier nur spektakulär auf, was sie am Regenwurm gleichsam ›erprobt‹ hat: die Vorteile der gegliederten Röhrenform. Beim Regenwurm finden sich... bla bla bla.«
»Der Elefant trampelt über die Steppe, und das Geräusch lockt, wie jedes ›Trommeln‹, den Regenwurm aus seinem komplizierten Gangsystem, denn er denkt, es regnet. Natürlich ›denkt‹ er nicht wirklich, es ist ein Reflex, den die Evolution... bla bla bla.«

Stärken und Schwächen andeuten

Einem gutmütigen Lehrer oder Dozenten kannst du andeuten, wo du dich besonders auskennst – vielleicht sogar über das geforderte Maß hinaus. Dann bekommst du vielleicht die Gelegenheit, mit deinem Können zu glänzen, anstatt, für alle Beteiligten unangenehmer, durchs Unterholz der Wissenslücken zu stolpern.
Der bösartige Prüfer will nichts von deinen Bravourstückchen wissen. Er sucht nach deinen Wissenslücken, um dich genüßlich niederzumachen. Wenn du ihn nicht stoppst – oder auf die falsche Fährte lenkst –, prüft er das gesamte Gebiet, bis er deine Schwächen aufgespürt hat. Merkt er hingegen, daß du dich irgendwo auskennst, geht er schnell weiter zum nächsten Thema.
Die Lungenpest wurde speziell für diesen Typ entwickelt, bricht aber zu selten aus.
Als Schummelprofi kannst du auch diese satanische Ausgeburt einseifen: Am Anfang deines Auftritts schaltest du den Selbstsicherheitsgenerator ein und schneidest deine schwächsten Themen an. Natürlich glaubt der Prüfer, daß hier deine Stärken liegen, und fragt in einer anderen Richtung weiter. Hürde Nummer eins glücklich übersprungen!

Und dann kommt »dein« Thema! Du blickst 105%ig durch. Alle betteln dich an, bei dir abschreiben zu dürfen. Normalerweise würde es jetzt aus dir heraussprudeln– – aber du bist clever und stotterst. Schwach wirken! Durch Zögern und gespielte Unsicherheit Zeit schinden! Daran geilt sich dein Prüfer auf, und hier, wo er dich auf dem Boden wähnt, hakt er am liebsten nach. Dir soll es nur recht sein – und peng, schon ist die Prüfung vorbei. Bestanden!

Zeit schinden

Wer Prüfungsfragen schnell und präzise beantwortet, ist schlicht und ergreifend blöd. Oder ein Genie.
Bist du eines von beiden? Wenn nicht, dann solltest du lernen, Zeit zu schinden. Allerdings nur bei Fragen, die du problemlos beantworten könntest.
Umständlich und langatmig ziehen sich deine Antworten hin. In immer wieder anderen Formulierungen wiederholst du, was du schon zweimal gesagt hast. Und dann wiederholst du es noch mal, aber aus einer anderen Perspektive. Und dann bringst du noch einen langweiligen, umständlichen Vergleich. Und dann gleich noch einen zur doppelt gemoppelten Verdeutlichung des längst Verdeutlichten.
Auf Hochtouren arbeitet die Phrasendreschmaschine (»sieht man das einmal im Zusammenhang, und eine komplexe, vielschichtige Betrachtungsweise wird vom Gegenstand gefordert, um eine angemessene, ausreichend differenzierte und differenzierende–«). Sie spuckt eine unendliche Menge von Worthülsen aus und trennt sie durch lange Kunstpausen. Deine Prüfer sind froh, wenn sie den nächsten Kandidaten reinrufen können. Aber: bestanden!

Sich festquatschen

Bei vielen mündlichen Prüfungen werden dir alle Fragen vorgelegt, du kannst dich vorbereiten, und dann geht es los.
»Könnte ich mit Frage vier beginnen, bitte?«
Klar darfst du dein Lieblingsthema zuerst besprechen – und das war's dann auch, denn du quatschst dich hoffnungslos fest.
Jeden Milliliter Wissen schüttest du aus, jeder noch so unwesentlichen Verästelung gehst du nach und verkaufst das alles als »selbständige Auseinandersetzung mit dem Thema«.

Fakten erfinden

Generationen von Journalisten haben »statistische Umfragen« frei erfunden. Das geht ganz einfach und wird fast immer geglaubt: Du mußt einfach behaupten, »65,2% aller Deutschen zwischen 20 und 40 sind, einer neuen Studie zufolge –« dieses oder jenes.
Sieht sich die gesamte Prüfungskommission stirnrunzelnd an, ergänzt du pfiffig: »–obwohl diese Werte von einem Großteil der Fachwelt nicht erwartet worden waren.«
Schöner sind natürlich Lügen, die sich im Rahmen des Vorstellbaren bewegen.
Kannst du deine frei erfundenen Zahlen oder Fakten auch noch einer renommierten Quelle zuordnen, wagt kaum jemand, dein Spezialwissen anzuzweifeln. Es klingt aber auch zu kompetent, wenn man sagt: »Laut einer Studie am Max Planck Institut«, »In einem Artikel der Zeitschrift ›Nature‹ / ›Scientific American‹ war zu lesen«, »In einem Vortrag äußerte der angesehene Humanethnologe Prof. Reuter die These –«
Zusätzlicher Vorteil der frei erfundenen Quellen und Zitate: Sie erwecken den Eindruck, du hättest dich weit über das geforderte Muß hinaus mit dem Thema beschäftigt.

Gefährliche Mogeltests

In der Schule versuchen die Lehrer aller Fächer mit fintenreichen Tests, die Schummelbereitschaft ihrer Schüler zu messen, indem sie sie zum Schummeln verführen. Haben sie jemanden als Schummler erkannt, verraten sie nichts von ihrer Erkenntnis – aber sie kontrollieren den Schüler künftig gnadenlos.
Schummeltests unterscheiden sich von normalen Klassenarbeiten durch die Breite der Fragenstellung und durch eine komplizierte, meist naiv bis schwachsinnig wirkende Art der Aufgabenstellung mit so verdächtigen Aufforderungen wie: »Wenn du die Aufgabe auf Seite 1 gelöst hast, kannst du auf Seite 2 nachschauen, ob dein Ergebnis richtig war.«
Glücklicherweise kann man die Methoden dieser Versagertypen leicht durchschauen, denn immer wieder läuft alles nach dem Muster ab: »Wir appellieren an deine Ehrlichkeit« – und verführen dich zum Schummeln.
Ein Teil der Aufgaben ist relativ leicht, andere dagegen schwer, sehr schwer oder gar nicht zu lösen. Hast du trotzdem die »richtige« Lösung in deinen Test (ab)geschrieben, bist du als Schummler enttarnt.
Als Gott Luzifer schuf, nahm er sich einen Pädagogen zum Vorbild.

»Unkorrigiert« zurückgegebene Arbeiten

Der Lehrer erklärt, er sei aus Zeitgründen nicht zum Korrigieren gekommen und bittet die Klasse, daß jeder seine eigenen Kreuzchen und Jahreszahlen mit den richtigen Antworten vom mitgelieferten Lösungszettel vergleicht. Wenn du jetzt deine falschen Ergebnisse veränderst, braucht dein Lehrer sie nur noch mit den Fotokopien deiner schwachen Arbeit zu vergleichen, die er sich selbstverständlich vorher gemacht hat.

Boykott der Mogeltests

Entdeckt einer in der Klasse die abgefeimte Methode hinter einem Test, fordert er durch vereinbarte Zeichen die anderen auf, den Test zu boykottieren. Plötzlich schreibt die halbe Klasse dieselben falschen Lösungen in ihre Tests.

Woran erkennt man Mogeltests?

- Verdächtige Erklärungen: Der Lehrer muß seiner Klasse diese ungewöhnliche Arbeit als »etwas ganz Normales« verkaufen. Meist wird er als Ausrede irgendwas von einem »Experiment«, einer »neuen und gerechteren Form der Leistungsprüfung« oder ähnlichen Schwachsinn stammeln – besonders gut schauspielern können die wenigsten Lehrer. Du kannst dich melden und fragen, ob dieser Test es den Schummlern in der Klasse nicht schrecklich leicht mache. Achte auf die Reaktion!
- Mahnende Worte: Schärft der Lehrer euch ungewöhnlich oft und eindringlich ein, daß auf keinen Fall geschummelt werden soll? So will der Trottel die Mehrheit der Nichtschummler davon abhalten, sich diesmal von der günstigen Gelegenheit zum Schummeln verführen zu lassen. Ihn interessieren nämlich nur die notorischen Mogler.
- »Kontrollergebnisse«: Du solltest sie auf keinen Fall glauben. Vor allem die Ergebnisse der letzten Aufgaben sind mit Sicherheit falsch.
- »Ihr sollt selbst korrigieren«: Was als »Eigenverantwortung« getarnt ist, soll dich in Wirklichkeit ködern.
- Es wird dir zu leicht gemacht: Hast du Schummelmöglichkeiten, wie du sie dir sonst nur erträumt hast? Pack die Gelegenheit nicht beim Schopf! Manipuliere keinesfalls nachträglich in der offiziell abgegebenen Arbeit herum!
- »Dieser ungewöhnliche Test wird voll gewertet!«: Stimmt meistens nicht! Spätestens die Anwesenheit psychologischer Leistungstests (»Vervollständige die Reihe dieser Bildchen hier durch ein Bildchen aus der unteren Reihe«) bedeuten, daß hier nicht gelerntes Wissen abgefragt wird und Zensuren

gegeben werden. Selbst wenn: Lieber eine Arbeit verhauen, als den Rest deiner Tage als Schummler bekannt sein und keine weitere Chance zum Mogeln haben.

Da drinnen in den Schulen und Universitäten herrscht ein schrecklicher Krieg, und du kannst ihn nur gewinnen, wenn du Fantasie hast.

Letzte Rettung

Bestechung

Deine Eltern sollten ein paar Mark in deine Zukunft investieren, wenn die Versetzung sehr gefährdet ist. Sie suchen ein Gespräch mit deinem Lehrer und fragen ihn, was man zu deiner Rettung unternehmen könne. Er läßt sein übliches Blabla ab.
Dann fragen deine Eltern unvermittelt: »Ach übrigens, ganz was anderes: Die Tochter eines Bekannten von uns bräuchte ganz dringend Nachhilfe in Ihrem Fach. Das wird sehr gut bezahlt. Interessiert Sie das?«
Selbstverständlich – Geld interessiert jeden.
Dann geht es weiter im Text. »Was können wir nur für unseren Sohn tun?« Deine Eltern fragen deinen Lehrer, ob er ihnen einen Nachhilfelehrer für dich empfehlen könne. Es solle aber ein guter sein, der auch ganz genau weiß, was du brauchst, und der Lehrer solle in Ruhe nachdenken, wer das sein könne.
Kann man es deutlicher sagen, ohne sich strafbar zu machen?
So blöd es klingt, so regelmäßig funktioniert es doch – vorausgesetzt, deine Eltern haben wirklich ein hilfsbedürftiges Mädchen im Bekanntenkreis und tragen teilweise auch deren völlig überhöhte Nachhilfestunden bei deinem Horrorpauker.

Schulwechsel mit Abgangszeugnis

Bist du dir sicher, daß du keine Chance hast, das Abi zu bestehen? Oder in die Abitursklasse versetzt zu werden? Dann solltest du deine schulische Karriere abbrechen – allerdings nur zum Schein.

»Ich schaffe das Abi sowieso nicht, Herr Lehrer. Sie hatten voll recht mit Ihren Prophezeiungen. Ich will abgehen und lieber eine Lehrstelle suchen.« Das klingt so vernünftig, daß der Lehrer über schmeichelhafte Noten für das vorzeitige Abgangszeugnis mit sich reden läßt.

Kaum ist die Tinte auf dem irreal guten Zeugnis trocken, gehst du zu einem anderen Gymnasium und bittest um Aufnahme. Natürlich fragt man dich nach den Gründen für den ungewöhnlichen Wechsel mitten im Jahr. »Ich hatte geplant, die Schule für ein Jahr zu unterbrechen und im Rahmen eines Austauschprogramms in die USA zu gehen. Das hat sich aus familiären Gründen zerschlagen.«

Noch glatter klappt der Übergang, wenn du den Wohnort wechselst. Das mag kompliziert und lästig sein – aber immer noch besser als ein Start ins Berufsleben ohne Abi.

Prominente Schummler

Hans Meiser

Ich war zu Gast bei Hans Meiser in seiner Talkshow. Es ging um Kontaktanzeigen, und während der Sendung ging alles mögliche schief. Aber Meiser meisterte die Sache. Er ließ sich nichts anmerken. »Sie mogeln sich durch, daß es eine wahre Freude ist, Ihnen zuzusehen. Haben Sie in der Schule auch schon geschummelt?«
»Aber natürlich«, sagte er und lächelte breit, »wie ein Weltmeister!« Seine Tricks hat er mir nicht verraten.

Ilona Christen

Eine oder zwei Wochen später nahm ich an einer Talkshow von Ilona Christen teil. Nach der Sendung erklärte sie mir zu ihren Schummelerfahrungen, sie sei immer ehrlich gewesen – was ich etwas enttäuschend fand.

Harald Juhnke

Erstaunt erklärte Herr Juhnke am Telefon, er habe als Kind selbstverständlich nicht geschummelt. »Ich war schon immer eine absolut ehrliche Haut. Ich war damals schon so ehrlich, wie ich es heute immer gegenüber der Presse bin.«
Verstehe.

Götz George

Schimanski ließ von einer Frau auf meinen Anrufbeantworter stammeln, der Schauspieler habe »so etwas – nein, also, äh, bei so Umfragen, also, das macht er nicht, normalerweise, und die Fragestellung, also, stammel, stammel…«

Burkhard Hirsch

Der FDP-Mann hatte immerhin den guten Vorsatz zur bösen Tat: »Ich habe höchstens zweimal versucht, Stichworte, Geschichtsdaten, Formeln auf einen Kleinstzettel zu schreiben, dann aber sehr schnell bemerkt, daß das mehr Arbeit macht, als die wenigen Fakten, die man braucht, zu lernen. Wenn ich einen Zettel angefertigt hatte, brauchte ich ihn nicht mehr, weil ich dadurch das Zeug im Kopf hatte. Also habe ich es dann gelassen.

Natürlich habe ich abschreiben lassen, nicht gerade begeistert, weil man später nicht weiß, wer von wem abgeschrieben hat, wenn in zwei Arbeiten derselbe Fehler auftaucht. Aber aufgefallen bin ich erfreulicherweise nicht.«
Offenbar konnte man bei Herrn Hirsch keine Fehler abschreiben, weil er beim Spickzettelbasteln so viel gelernt hat.

Monika Griefahn

Sie hatte ihre »wilde Zeit« in der Schule. Dort arbeitete sie bevorzugt mit Pauspapier und kleinen Handzetteln. Einmal trieb sie es so bunt, daß »die Arbeit der gesamten Klasse nicht anerkannt wurde«.
»Ich war gut in Latein. Das Fach war der Greuel für viele meiner Mitschülerinnen. Einmal verwendete ich bei einer Lateinarbeit folgenden Trick: Mit Blaupapier pauste ich meine Lateinarbeit durch, damit meine Nachbarin den vollständigen Text besser abschreiben konnte. Ich half ihr damit zur 3 und bewahrte sie vor dem Sitzenbleiben.«

Eberhard Diepgen

Der Regierende Bürgermeister von Berlin »war kein sehr ehrgeiziger Schüler«. Und wer nichts erreichen will, für den gilt: »Abschreiben war nicht nötig.« Außerdem hatte der jugendliche Ebi das Pech, seinen Lehrern unterlegen zu sein: »Unsere Lehrer waren mit allen Wassern gewaschen. Sie kannten die Tricks und uns genau und wußten, wie gut oder schlecht jeder abschneiden würde. Wer aus dem Rahmen fiel, wurde genau beobachtet.« Was hat Eberhard Diepgen schon früh erfahren? »Die Lektion für uns Schüler war einfach: Wer schummelte, tat das nicht lange erfolgreich.«
Sympathischerweise besaß Eberhard Diepgen immerhin einen Anflug von subversiven Neigungen: »An einem Tageswettkampf, einer kombinierten Schnitzeljagd, die durch verschiedene Straßenzüge führte, konnten meine Freunde und ich vor allem deswegen siegen, weil wir uns heimlich und ohne Wissen unserer Lehrer – und sicherlich auch ohne deren Billigung – mit der U-Bahn fortbewegten. Die Schule lag so nahe an der Sektorengrenze, daß wir uns in eine Ost-Berliner Station schlichen, auch weil dort die Tickets billiger waren. Durch diesen, nicht ausdrücklich verbotenen, aber dennoch gewagten Einsatz erhielt

das Team unserer Klasse den entscheidenden Schnelligkeitsvorteil. Von dieser Hilfestellung haben wir auch später niemandem etwas gesagt.«

Harald Schmidt, Herbert Feuerstein

»Nach Rückspache mit beiden Herren muß ich Ihnen leider mitteilen, daß sie nicht an Ihrer Umfrage teilnehmen wollen«, schreibt die Agentin.

Reinhard Mey

»Meinen wirklich ganz großen Coup kann ich leider nicht freigeben. Das war ein so monströser Schummelakt, daß ich befürchten muß, daß mir noch heute bei Bekanntwerden das Abitur und das große Latinum rückwirkend aberkannt würden!«
Schade – oder hochgestapelt?

Regine Hildebrandt

Sie schrieb mir eine Postkarte aus ihrem fahrenden Auto: »Ich muß Sie enttäuschen. Ich habe nicht geschummelt, das wollte ich nicht! Ich war eine sehr gute, aber keine Musterschülerin (Schrift und Betragen waren nicht die besten Zensuren!), habe aber immer, besser fast immer, von selbst oder duch systematisches Arbeiten ›durchgesehen‹. Schummeln, glaube ich, fand ich für mich unterm Strich! Abschreiben lassen habe ich eigentlich immer, wenn es gewollt war. Gelegentlich hatte ich auch Ärger deswegen.«

Karlheinz Böhm

Nur humorlose Weltverbesserer schreiben Briefe wie Herr Böhm:
»Ihre Sorgen möcht' ich haben...«, antwortete er auf meine Anfrage nach seinen Schummeltricks, und einen zweiten Satz gönnte er mir auch noch: »Mit herzlichen Grüßen und viel Spaß beim Lesen dieses Briefes.« In der Anlage dann eine Broschüre voll hungernder Negerkinder. Sehr spaßig, Herr Böhm, und echt aufrüttelnd. Und noch dazu das verschwenderischste aller schönen Briefpapiere.

Ignatz Bubis

Er mußte mir auf die Frage nach seinen Schummeleien »leider die Antwort ›NEIN‹ geben; ich war einfach zu brav.«

Ich liebe es, in einer Zeit zu leben, in der sich große Menschen für ihren Mangel an subversiver Energie entschuldigen.

Walther Bockmeyer, Theaterregisseur

»Leider habe ich nie geschummelt.«
Noch einer, der die unterlassenen Sünden seiner Jugend bereut.

Loriot und Erich Böhme

Loriot ließ mitteilen, daß er die Frage und das geplante Buch nicht okay findet und daher nicht antworten will.
Auch Erich Böhme (»Talk im Turm«) wollte sich aus gleichem Grund entziehen.

Christian Bruhn

Offen bekennt der Komponist von »Marmor, Stein und Eisen bricht« den Grund seiner Mogeleien: Faulheit. Deren schreckliche Folgen bekämpfte er erfolgreich durch Vorschreiben und den Einsatz von Übersetzungen. Nie wurde er erwischt, aber immer hat er große Angst gehabt.
Noch eine weitere Spezialität weiß er zu berichten: »Dank meiner graphischen Begabung war ich in der Lage, die elterlichen Zeugnisunterschriften meiner Mitschüler perfekt nachzuahmen. Das hat sowohl den Klassenkameraden wie auch deren Eltern viel Kummer erspart.«

Artur Brauner, Filmproduzent

Hat nie geschummelt.

Friedhelm Farthmann (SPD-Chef im Landtag von NRW)

»In der Obertertia drohte mir im Zeugnis ein ›Mangelhaft‹ in Englisch. Als die letzte Klassenarbeit vor den Zeugnissen bevorstand, wechselten wir wegen der damals beengten räumlichen Verhältnisse kurz nach dem Krieg den Klassenraum. Ich erhielt einen Platz, bei dem in die Tischplatte ein etwa ein Zentimeter großes Loch gebohrt war. Als ich das erblickte, faßte ich sofort den Entschluß, das bei der Bewältigung der nächsten Englischarbeit zu nutzen.
In der Tat folgte wenige Tage danach eine Nacherzählung aus dem vorher vorgelesenen Stück aus dem englischen Roman ›The Return of Ivanhoe‹ von Sir Walter Scott. Es sprach sich in Sekundenschnelle herum, wo dieser Text stand, und ich ließ des-

halb unter meinem Guckloch die Zeilen der Textseite vorbeigleiten. Auf diese Weise brachte ich eine gute Nacherzählung zustande. Trotzdem scheiterte das Unternehmen. Der Englischlehrer hatte nämlich das englische Wort für ›werfen‹ (throw) vorgelesen. Im Text stand aber das ungewöhnliche Wort ›shower‹. Weil ich dieses Wort verwendet hatte, fiel meine Mogelei auf, die Arbeit wurde nicht gewertet und ich bekam prompt meine ›5‹ im Zeugnis.«

Dieter Thomas Heck

»1. den Schummelzettel in die Manschette des Hemdes bzw. in den Ärmelaufschlag des Pullovers stecken. 2. die Antworten auf die eventuell gestellten Fragen in die Handflächen schreiben. Die beste Schummelmethode ist allerdings ein alleswissender Nachbar, von dem man – gedankenverloren in die Gegend schauend – abschreibt.«

Frank Elstner

»Natürlich habe auch ich geschummelt, allerdings meist ohne Erfolg. Bei meiner Kurzsichtigkeit war es immer furchtbar schwer, dem Nachbarn etwas abzuluchsen. So habe ich meine eigene Methode erfunden: Wann immer ich in Französisch, Griechisch oder Latein nicht genau wußte, wie ein Wort geschrieben wurde, habe ich drei verschiedene Versionen auf ein Löschblatt in großen Buchstaben gesetzt. Während der Kontrollgänge des Lehrers durch unsere Bänke hab ich dann auf das Löschblatt gezeigt und so hilflos geschaut, daß doch tatsächlich das eine oder andere Mal ein netter Zeigefinger des Herrn Lehrers mir die richtige Version zeigte.«
Aha, auf der Mitleidstour zum Erfolg ...

Petra Schürmann

»Grundsätzlich möchte ich zum Thema Schummeln sagen, daß jeder Schüler und Student, der von sich behauptet, daß er niemals geschummelt hat, ein Lügner ist oder unter Gedächtnisschwäche leidet.«
Frau Schürmann bekennt sich zu dem pikanten Trick, Spickzettel im von Strapsen gehaltenen Strumpf aufbewahrt zu haben und ist stolz darauf, nie aufgeflogen zu sein.
Doch nicht immer nestelte sie sich unter dem Rock herum: »Die mühevolle Erstellung der Spickzettel hat mich so beschäftigt und in meinem

Hirn solche Engramme gesetzt, daß ich meine Arbeiten häufig ohne Zuhilfenahme der geistigen Rettungsringe schaffte.«

Und das Gewissen?

»Ich bereue nicht, daß ich mit einem gewissen Quantum an Schummeln dahin gekommen bin, wohin ich wollte.«

Inge Meysel

»Bei großen Mathearbeiten war ich häufig geplättet. Und da habe ich etwas gemacht, wofür ich zu Hause sehr viele Ohrfeigen bekam. Denn bei Matheprüfungen schrieb ich auf die Manschetten meiner Blusen alles, was drankommen konnte: Vom pythagoräischen Lehrsatz angefangen bis zu den binomischen Formeln.

Mit den Blusen hatte ich etwas angerichtet. Denn die Tinte ist ja ein Teufelszeug und ging immer so wahnsinnig schwer raus. Und so hatte ich am Ende eines Schuljahres von zehn ehemals langärmeligen Blusen neun mit halben Ärmeln. Die wurden nämlich einfach abgeschnitten, weil sie nicht mehr zu reparieren gingen. Meiner verärgerten Mutter habe ich immer gesagt: ›Willst du, daß deine Tochter eine Fünf hat, oder willst du deine Tochter mit Genügend im Zeugnis sehen?‹ Eine andere Schummelvariante war das Beschriften meiner Unterarme. Mit Kugelschreiber habe ich direkt auf die Haut geschrieben und ein Kleid oder eine Bluse mit weiten Ärmeln getragen. Und wenn ich dann etwas nicht wußte, nahm ich so langsam den Arm hoch und ließ das Kleid vorsichtig zurückgleiten. Erst faßte ich mir mit dem Handrücken an die Stirn, um mir scheinbar den Schweiß wegzuwischen. Und dann nahm ich den Arm so leicht von mir und schielte auf alles, was ich zuvor auf den Unterarm geschrieben hatte. Ja, und wie Iphigenie mit den Gedanken in die Ferne schweifend, konzentrierte ich mich in Wirklichkeit voll auf die Schummelaktion.«

Bertolt Brecht

Seine Versetzung hing am Ergebnis einer einzigen Französischarbeit. Er versiebte sie, und damit war sein Schicksal als Sitzenbleiber besiegelt. Wie ihm ging es auch einer Reihe von Mitschülern.

Da kam man auf die Idee, mit einem sehr scharfen Messer einige der roten Bemerkungen am Rand der Arbeiten wegzuschaben und sich beim

Lehrer zu beschweren: »Sie haben die Fehler falsch zusammengezählt.« Der Lehrer enttarnte den Trick, indem er die Seiten der Arbeiten schräg gegen das Licht hielt und die Manipulation bemerkte.
Schüler Brecht war schlauer. Er fügte den Korrekturen mit roter Tinte noch weitere Anstriche hinzu – und zwar an fehlerfreien Stellen –, um sich dann beim Lehrer über fälschlich bemängelte Stellen zu beschweren. Der Lehrer entschuldigte sich, die Note wurde korrigiert – Bert Brecht versetzt.

Albert Einstein

Selbst keine Leuchte in der Schule, beteiligte sich Einstein auch im reiferen Alter an Schummelaktionen. Als er in Princeton lehrte, besuchte ihn nachmittags oft ein Mädchen aus der Nachbarschaft. Eines Tages entschuldigte sich die Mutter des Mädchens bei dem Nobelpreisträger für die vermeintliche Belästigung, und Einstein antwortete: »Keine Ursache, wir verstehen uns ausgezeichnet. Ich schätze es, daß sie mir saure Drops mitbringt, und sie schätzt es, daß ich ihre Mathematikaufgaben mache.«

Konrad Adenauer

»Wir Abiturienten waren damals alle vorher im Besitz der Aufgabenstellungen gewesen. Und wir haben zum Beispiel für die drei Aufsatzthemen sogar eine Kommission eingesetzt, die die Ausarbeitungen gemacht und verteilt hat. Und bei der lateinischen Arbeit, da haben wir bewußt Fehler verteilt. Unauffällig wurden so sämtliche Mitschüler exakt nach ihrem Leistungsstand versorgt, daß keine Arbeit aus dem Rahmen fiel und alle bestanden. Ich war eine der leitenden Personen bei der ganzen Vorbereitung des Abiturienten-Examens für die ganze Klasse.«

Theodor Heuss

»Ich habe, von den beiden ersten Schuljahren abgesehen, die Lehrer ganz naiv als die institutionellen und natürlichen Widersacher betrachtet, denen gegenüber Kampfmittel eines fairen Feldzuges erlaubt seien – einschließlich der Kriegslist, der Waffe des Schwächeren.«

Björn Engholm

»Natürlich habe auch ich als Schüler geschummelt. Ich

glaube, nur Heilige – und von denen gibt es bekanntlich nur ganz wenige – haben nicht geschummelt. Gutes Schummeln ist meines Erachtens auch ein Zeichen von Intelligenz. Wer deshalb gar nicht schummelt, ist entweder zu blöd oder aber so intelligent, daß er es wirklich nicht braucht. Für den letzteren Fall trifft dann das zu, was ich über die Heiligen gesagt habe.

Ich selbst war nicht zu blöd zum Schummeln, aber leider nicht so erfolgreich, daß es dann letztendlich etwas an meiner Note in Latein geändert hätte.

Lange Zeit erhielten wir in Latein bei Klassenarbeiten Übersetzungsaufgaben aus dem ›Gallischen Krieg‹ – also: das Buch auf den Tisch und dann die Angabe Buch 2, Kapitel soundso und soundso. In den Taschen hatten wir die kleinformatigen, ›Pliten‹ genannten Übersetzungstexte, denen man die unlautere Absicht schon von vornherein ansah. Insgesamt waren es sieben Bücher, 1–3 hatten in der linken Hosentasche Platz, 4–7 rechts. Bei Buch 2 wurde Band 2 herausgefischt, und ich schrieb die Übersetzung ab.

Nachdem der Lehrer das bemerkt hatte, legte er nur noch hektographierte Texte vor, ohne konkreten Buch- oder Kapitelhinweis. Daraufhin steigerten wir unsere Aktivitäten, ordneten alle Kapitel aus ›De Bello Gallico‹ alphabetisch nach Anfangsbuchstaben, schrieben diese auf eine Rolle Papier, die unter der Bank angebracht wurde. Die Rolle zog sich durch Gummiband selbständig wieder zurück. Wir zogen sie nur soweit heraus, bis wir die Anfangsbuchstaben des Übersetzungstextes hatten – und der Griff zur Plite erfolgte erneut.

Genutzt hat es wenig. Die 5 in Latein war eine Betonfünf. Der Vorzug war einzig und allein, daß ich bei der Vorbereitung des Schummelaktes mehr lernte als im Unterricht selbst. Und die Lateinkenntnisse, die ich heute noch habe, sind direkte Lernerfolge des Schummelaktes. Damit habe ich dann doch etwas fürs Leben gelernt und Seneca widerlegt, der da fälschlich meinte: ›Non vitae, sed scholae discimus.‹«